U0479963

本书为安徽省社会科学创新发展研究
课题（2021CX052）阶段性成果

人力资本的收入分配效应研究

Research on Income Distribution of Human Capital

王　刚◎著

经济管理出版社
ECONOMY & MANAGEMENT PUBLISHING HOUSE

图书在版编目（CIP）数据

人力资本的收入分配效应研究/王刚著．—北京：经济管理出版社，2023.11
ISBN 978-7-5096-9487-9

Ⅰ.①人…　Ⅱ.①王…　Ⅲ.①人力资本—影响—国民收入分配—研究—中国　Ⅳ.①F126.2

中国国家版本馆 CIP 数据核字(2023)第 217958 号

组稿编辑：申桂萍
责任编辑：杨国强
责任印制：张莉琼
责任校对：张晓燕

出版发行：经济管理出版社
（北京市海淀区北蜂窝 8 号中雅大厦 A 座 11 层　100038）
网　　址：www.E-mp.com.cn
电　　话：（010）51915602
印　　刷：北京市海淀区唐家岭福利印刷厂
经　　销：新华书店
开　　本：720mm×1000mm/16
印　　张：10.75
字　　数：187 千字
版　　次：2023 年 11 月第 1 版　　2023 年 11 月第 1 次印刷
书　　号：ISBN 978-7-5096-9487-9
定　　价：68.00 元

联系地址：北京市海淀区北蜂窝 8 号中雅大厦 11 层
电话：（010）68022974　　邮编：100038

前　言

改革开放40多年来，我国经济实现了高速增长，成为世界第二大经济体，居民收入也获得了极大提高。随着我国经济实力和居民收入的不断提升，居民收入差距却呈现出不断扩大的趋势，主要表现为城乡之间、地区之间、行业之间以及不同所有制之间的收入差距。目前我国的居民收入差距已经产生了一些不利影响，阻碍着我国经济的可持续发展，并影响了居民的消费水平和生活质量的提高，因而学者们对居民收入分配问题给予了高度重视。人力资本理论认为，人力资本是提高居民收入的重要因素，且人力资本的差异会造成居民的收入差异，那么人力资本的分布结构及其投资效率是否会对居民收入水平及收入差距产生影响呢？为了解决这个问题，本书分别测算了我国人力资本的水平、分布结构和投资效率，并分析了它们与居民收入分配的关系，以期从人力资本的分布和投资效率角度发现解决居民收入分配问题的对策。

本书以人力资本理论为指导，在梳理人力资本与收入分配相关研究文献的基础上，运用统计数据，分别对我国人力资本水平、人力资本分布结构、人力资本投资效率和居民收入分配现状进行了描述，并在此基础上分析了人力资本水平、分布结构和投资效率与居民收入分配之间的关系，最后基于实证分析结果提出相关政策建议。

本书主要研究内容和结论体现在以下几个方面：

第一，采用历年各类统计年鉴中教育、卫生保健和培训方面支出数据测算出全国各省份的人力资本投资水平，并采用永续盘存法对我国人力资本投资存量进行了测算。结果表明，人力资本投资水平和存量都呈现由东部向中西部逐次降低的分布特征，从人均水平看，虽然东部地区高于中部和西部地区，但西部地区凭借其后发优势已经完成了对中部地区的超越。同时，利用收敛理论对人力资本投资进行收敛分析后发现，我国的人力资本投资在地区间存在收敛趋势。

第二，基于人力资本投资水平和存量数据对人力资本的投资结构进行了分析，结果发现，教育和卫生在人力资本投资的流量和存量中占据绝对优势地位，比重约为90%。同时，运用人力资本基尼系数对人力资本的分布结构进行测算后发现，全国及三大地区的人力资本基尼系数均呈现出倒U型变化趋势，且人力资本基尼系数东部地区最高，其次为西部地区，中部地区最低。

第三，首先，根据效率评价指标体系构建原则，构建出人力资本投资效率评价指标体系。其次，运用人力资本投资的投入和产出数据，测算出人力资本投资的投入产出弹性，结果表明，人力资本投资中资金投入的边际产出弹性要高于人员投入的边际产出弹性。再次，基于人力资本投资效率评价指标体系，借助超效率DEA模型对人力资本投资效率进行了测算，结果显示，全国及三大地区的人力资本投资效率均呈现上升趋势，且东部地区的投资效率最高。最后，运用Malmquist指数模型对我国人力资本投资的全要素生产率进行了测算，结果表明，我国人力资本投资的全要素生产率呈现出上升趋势，且这种上升趋势主要由技术效率提升带来。

第四，首先，基于全国、城乡、地区、行业和所有制视角，详细分析了我国居民收入的演变趋势，结果发现，我国居民收入呈现出逐年增加的态势。其次，利用泰尔指数对我国居民收入的差距进行测算和分解，结果表明，全国及三大地区的居民收入差距大致呈现出逐年增加的趋势，地区间的收入差距是造成全国居民收入差距的主要原因，其贡献程度逐年增加。与此同时，乡村内部的收入差距要高于城镇内部收入差距，行业间收入差距呈现出先扩大后缩小的趋势，而城乡间的收入差距也呈现出先扩大后缩小的趋势。

第五，首先，基于人力资本投资水平、人力资本投资效率、居民收入水平和差距等数据，通过对VAR模型、脉冲响应函数、方差分解等进行分析发现，人力资本投资水平与居民人均收入之间、人力资本投资效率与居民人均收入之间均存在长期的均衡关系，且人力资本投资水平与投资效率均对居民人均收入具有显著的影响。其中，人力资本投资水平对居民人均收入的影响作用要大于人力资本投资效率，而居民人均收入对人力资本投资的贡献程度要高于其对人力资本投资效率的贡献程度。其次，通过对人力资本分布结构与居民人均收入差距之间关系的研究后发现，当期人力资本分布结构的改善会对居民人均收入差距产生显著的缓解作用，其滞后项也对当期居民人均收入差距状况产生重要影响。与此同时，当期居民人均收入差距的改善有助于缓解人力资本分布不均等，其滞后项也对当期人力资本分布结构状况产生一定影响，并且政府财政对人力资本的投入、市场化程度、人力资本投资效率、劳动者受教育程度、城镇化率等因素也会对居民人均收入差距和人力资本分布结构产生重要的影响。

基于实证分析结果，本书给出了如何适度提高人力资本投资力度，合理分配和使用人力资本投资，推进收入分配制度改革，促进人力资本合理流动，以及完善人力资本配置机制等相关建议。

目　录

1 导论

1.1 研究背景

改革开放以来，我国经济发展取得了巨大进步，国内生产总值（GDP）已经由 1978 年的 3645.2 亿元增加到 2022 年的 1210207 亿元，而人均 GDP 则由 381.23 元增加到 85698 元。与此同时，我国居民收入水平显著提高，1978～2022 年，我国城镇居民人均可支配收入由 343.4 元增长到 49283 元，实现年均增长 12.2%，而同期农村居民人均纯收入则由 133.6 元增长为 20133 元，年均增长 12.4%①，城乡居民收入与 GDP 呈现出同步增长的态势。

随着改革开放的深化，我国的经济体制逐渐发生转变，生产资料所有制由原先的单一的公有制向以公有制为主体的多种所有制并存转变，与此相适应的收入分配机制也由原先单一的按劳分配转变为以按劳分配为主和按生产要素分配相结合，市场在收入分配中发挥的作用越来越大。但是在收入分配机制的转变过程中也出现了一系列问题，其中最突出的问题是不同地区和社会群体之间收入差距的逐渐扩大，表现为改革开放以来收入基尼系数的逐渐提高，从国家统计局公布的

① 数据来源：《中国统计年鉴》（1979～2022）；2022 年数据源自《中华人民共和国 2023 年国民经济和社会发展统计公报》。

2003 年以来的全国居民收入基尼系数看，全国居民收入基尼系数均在 0.46 以上，基尼系数在达到 2008 年的 0.491 后见顶回落，近年来一直维持在 0.46~0.47，2013~2020 年高低收入比均值始终在 10 以上。财富差距比收入差距更为显著，财富基尼系数更呈现连年上升趋势，其增速已经超过收入基尼系数。社会流动放缓，财富的代际传递加强，机会不均等对收入不均等的影响逐渐加强。此外，城乡差距、地区差距均存在。这种过大的收入差距已经给经济和社会带来了负面影响，成为我国亟待解决的问题之一。

就表现形式看，收入差距过大主要表现为以下几个方面：一是城乡收入差距。例如，城乡收入比在 1978~2001 年均在 3 以下，而 2001 年后，城乡收入比则出现扩大趋势，在 2009 年达到最高的 3.33①，到 2022 年则降至 2.45，虽然城乡收入差距有所缓解，但仍然在高位运行。二是地区收入差距。我国东、中、西部地区城镇人均收入呈现出东、中、西部阶梯递减趋势，且东部地区收入呈数倍于西部地区。三是行业收入差距。就不同行业历年收入数据看，其中金融等垄断程度较高行业的收入偏高，远高于全国人均收入，而农业、采掘业等行业收入严重偏低，并且行业间的收入差距呈现出不断扩大趋势。四是城乡居民内部收入差距。例如，2021 年我国城镇居民最高收入组人均可支配收入为 102595 元，而最低收入组人均可支配收入仅为 16745.5 元，前者是后者的 6.13 倍，而 1986 年这一比例则仅为 2.97②，乡村的最高收入和最低收入比值也维持在高位，2021 年达到 8.87。五是不同行业间的收入差距。不同行业收入比值已经从 1995 年的 2.22 上升为 2021 年的 3.76。

收入差距扩大会带来众多社会问题，并会阻碍经济的良性发展。因此，要有效解决居民收入差距过大问题，需要先找出引起收入分配差距扩大的原因。人力资本理论已经证实，人力资本水平是提高劳动者个人收入的重要因素，对劳动者进行投资会对经济增长产生积极作用。那么人力资本分布是否与我国居民收入分配有关？人力资本投资水平、投资的效率和结构是否与收入分配相关？是否也对居民收入差距产生影响？这种影响的大小如何？为解决这些疑问，本书从人力资本角度出发，研究人力资本水平、分布结构和投资效率与居民收入和收入差距的关系。

①② 数据来源：《中国统计年鉴》（1978~2022）。

由人力资本理论可知，劳动者人力资本水平的提高会带来产出的增加，同时提升了劳动者吸收先进技术的能力，从而促进技术创新并提高全要素生产率，最终推进经济发展。国内外已有的研究主要关注人力资本水平及投资对收入的影响，且主要集中在教育与收入的关系，从效率和结构角度考察人力占比对收入影响的研究则相对较少。因此，本书以人力资本理论为指导，研究人力资本水平及人力资本投资分布结构和投资效率与我国居民收入分配的关系。本书首先对现有的人力资本与收入分配的研究进行概述。然后计算出我国人力资本水平并对其进行收敛分析，测算出我国人力资本存量水平和人力资本分布结构；在明确人力资本投资的投入和产出指标的基础上，对人力资本投资的投入产出弹性进行了计算，并分别测算出我国人力资本投资效率和全要素生产率，并将全要素生产率分解；对我国居民收入的现状及城乡、地区和行业之间的收入现状进行了分析，并利用不同的收入差距指数测算出不同形式的收入差距；研究了人力资本投资及其效率与居民收入之间的关系，并分析了人力资本分布结构与居民收入差距的关系。最后，根据研究结果提出相应的对策和建议。

1.2 选题意义

本书的理论意义在于：由于收入分配问题是学术界长期关注的一个重要问题，国内外众多学者都在努力寻找收入差距产生的原因以及影响收入分配的内在因素。一些学者认为，我国收入差距的产生是由制度、机制和政策等原因造成的。还有些学者认为，我国的收入差距在很大程度上可以由人力资本因素解释，且将研究重点放在教育对于收入差距的影响上。现代人力资本理论认为，人力资本主要由教育、健康、培训、科学研究和劳动力的迁移所组成，教育仅为人力资本中的一部分，因此仅仅研究教育对收入差距的影响会造成研究较为片面且容易产生偏差。同时，居民收入状况不仅源于对人力资本进行的投资，人力资本分布结构及其投资效率也将对其产生重要影响，而现有的研究鲜有涉及人力资本分布结构和投资效率对居民收入的影响。因此，本书在已有研究基础上，针对其中存在的不足，在以下几个方面进行推进：首先，本书在研究中不仅考虑教育人力资本，还考虑健康人力资本等其他形式的人力资本，以尽可能准确地测算出我国人力资本水平，同时对人力资本投资的收敛情况进行分析，以发现人力资本投资的变化趋势，并利用人力资本基尼系数测算出人力资本分布结构。其次，在构建人力资本投资效率评价指标体系的基础上，测算出人力资本投资的投入产出弹性，采用 DEA 方法中的超效率模型和 Malmquist 指数模型测算出人力资本投资效率和全要素生产率，并将全要素生产率分解，以发现其增长的源泉。再次，对我国城乡、城乡内部、地区、行业、不同类型企业间的收入现状进行分析，采用不同的收入差距指标对我国不同形式的收入差距进行测算，以求较为全面地展示我国收入差距现状。最后，本书对人力资本水平、投资效率与居民收入的关系以及居民收入差距与人力资本分布结构的关系进行研究，以了解人力资本水平、人力资本投资效率和结构与居民收入和居民收入差距之间的变化规律，从而为改善人力资本投资效率和结构提供依据。

本书的现实意义主要表现在以下方面：第一，分别对我国人力资本投资的水平、分布结构、投入产出弹性和投资效率进行测算，以更全面地了解我国人力资本投资的现状。第二，对我国地区之间、城乡之间的收入分配状况进行详细分析，同时利用不同的收入差距指标测算我国及三大地区的居民收入差距，同时分析其收入差距程度、特点及分布状况。第三，通过构建模型分析人力资本水平、分布结构和投资效率与居民收入分配之间的关系，从而了解了它们之间的影响关系及影响程度，为提高人力资本水平、改善人力资本分布结构及其投资效率提供依据。

1.3 研究内容与本书结构

1.3.1 研究内容

本书主要包括以下研究内容：一是理论、文献的整理与分析。在明确研究背

景和意义的前提下，简要介绍了人力资本与效率的内涵及其相关理论，同时对已有的人力资本与收入分配的研究进行述评；二是在明确人力资本投资范围的基础上对我国人力资本投资水平进行测算，分析人力资本投资的收敛情况，同时利用永续盘存法对我国人力资本存量进行测算，并分别分析了人力资本的投资结构和分布结构；三是在确定人力资本投资的投入和产出指标的基础上，测算了人力资本投资的投入产出弹性，分别借助超效率 DEA 模型和 Malmquist 指数模型对人力资本投资效率和全要素生产率变动指数进行测算，并将全要素生产率变动指数分解为技术进步变动指数、技术效率变动指数；四是对我国居民收入及其收入差距现状进行分析，对地区和城乡、行业、不同类型企业的收入现状进行分析，采用表示收入差距的指标来测算各种形式的收入差距；五是研究人力资本与居民收入之间的关系，采用 VAR 模型分别分析了人力资本投资与居民人均收入、人力资本投资效率与居民人均收入之间的关系，采用联立方程模型分析了人力资本分布结构与居民收入差距之间的关系；六是基于已有的研究结论，提出提高居民人均收入和缩小居民收入差距的政策建议。

1.3.2 本书结构

本书共分为七章，具体安排如下：

第 1 章：导论。本部分主要介绍了本书选题背景、研究意义，同时介绍了本书的主要研究内容和结构安排，数据来源、研究方法及创新之处。

第 2 章：理论基础与文献回顾。本部分首先简要介绍了人力资本和效率的内涵及其理论；其次对已有研究进行阐述，主要介绍了国内外学者对收入分配的研究、人力资本与收入分配的研究以及人力资本投资效率的研究；最后对已有的研究进行述评。

第 3 章：我国人力资本水平及其结构分析。本部分首先对我国人力资本的范围进行确定，在此基础上测算 1995~2021 年的各省份人力资本投资，并对人力资本投资进行收敛分析；其次采用永续盘存法对我国人力资本投资的存量进行测算；最后分析了我国人力资本的投资结构，并采用人力资本基尼系数和教育基尼系数分析了我国人力资本的分布结构。

第 4 章：我国人力资本投资效率分析。本部分首先介绍了人力资本投资效率评价指标体系的构建原则，在此基础上构建了人力资本投资效率评价指标体系；其次对人力资本投资的投入和产出现状进行分析，通过典型相关分析（CCA）模型测算了人力资本投资的投入产出弹性，并采用超效率 DEA 方法对我国人力资本投资效率进行测算。同时，利用 Malmquist 指数对我国人力资本投资的全要素生产率的变动进行测算，并将其分解为技术进步变动指数和技术效率变动指数。

第 5 章：我国居民收入分配现状。本部分首先对我国城乡、城乡内部、地区、行业、不同类型企业间的收入现状进行分析；其次介绍各种收入差距的测算方法及其优缺点；最后采用泰尔指数、极差率等指标对全国、城乡内部、行业和城乡之间的收入差距进行测算。

第 6 章：我国人力资本与居民收入分配效应分析。本部分主要利用 VAR 模型分别考察人力资本投资与居民人均收入、人力资本投资效率与居民人均收入之间的关系，同时利用联立方程模型对我国人力资本分布结构与居民收入差距之间的关系进行研究。

第 7 章：研究结论、政策建议与研究展望。本部分首先总结了前文中的研究结论，并给出相关政策建议；其次指出今后需要进一步研究的问题。

1.4 数据来源及研究方法

（1）数据来源：本书所使用的除西藏、香港、澳门和台湾之外的中国 30 个省、自治区、直辖市数据，主要来源于历年的《中国统计年鉴》《中国劳动统计年鉴》《中国人口与就业统计年鉴》《中国教育经费统计年鉴》《中国农村统计年鉴》《中国卫生统计年鉴》《中国国民经济和社会发展统计公报》。

（2）研究方法：首先，通过对人力资本投资范围进行界定，测算我国人力资本投资的流量水平并对其进行收敛分析，同时采用永续盘存法对历年我国人力资本的存量进行测算，并利用人力资本基尼系数对我国人力资本的分布结构进行测算。其次，在构建我国人力资本投资效率评价指标体系的基础上，采用 CCA

方法测算出我国人力资本投资的投入产出弹性，并采用超效率 DEA 模型和 Malmquist 指数模型分别测算出我国人力资本投资效率和全要素生产率，并对全要素生产率进行分解。再次，对我国城乡、地区、行业和不同所有制企业间收入现状进行分析，并采用泰尔指数等不均等指标对我国收入差距现状进行测算。最后，使用 VAR 模型研究了人力资本投资和投资效率与居民收入的关系，并使用联立方程模型研究人力资本分布结构与居民收入差距的相互影响。

1.5 创新之处

本书的创新之处主要体现在以下几个方面：

首先，本书构建了人力资本投资效率评价指标。人力资本投资活动是一个复杂的过程，其投入不仅包括资金投入，而且包括人员投入；产出主要包括教育产出的增加，大中专毕业生、产业结构升级等各种形式的产出，而现有的评价人力资本投资效率的投入和产出指标主要从资金角度表示，因而本书通过采用不同形式的投入和产出指标可以较为准确地测量人力资本投资效率。

其次，本书采用典型相关分析（CCA）模型对人力资本投资的投入产出弹性进行测算。已有研究人力资本投资的文献未涉及人力资本投资的投入产出弹性测算，本书则利用 CCA 方法分别测算出人力资本投资中的资金投入和人员投入的产出弹性。

再次，本书采用 Malmquist 指数模型对我国人力资本投资的全要素生产率变动指数进行了测算，并将其分解为技术进步变动指数、技术效率变动指数，揭示出人力资本投资的全要素生产率增长的主要源泉，从而较全面地揭示出人力资本投资效率的变动情况。

最后，本书考察了人力资本投资效率与居民人均收入之间的关系。国内外学者在研究人力资本与收入的关系时，大多采用人力资本投资或教育进行研究。在人力资本投资相同的情况下，人力资本投资效率的高低会对收入产生影响。本书不仅考虑了人力资本投资水平对居民收入的影响，还考虑到了人力资本投资效率对居民收入的影响，从而更全面地考察了人力资本投资与收入间的关系。同时，在考察人力资本分布与居民收入差距之间的关系时，还考虑到了人力资本投资效率因素的影响，从而弥补了已有研究中的不足。

2 理论基础与文献回顾

2.1 人力资本理论

学者们对人力资本内涵与理论进行了深入研究并已取得较多成果，本章对人力资本内涵及理论进行梳理。

2.1.1 人力资本内涵

人力资本思想的发展已有很长时间，人们已基本了解其内涵和本质，众多学者也对其进行明确定义。美国经济学家、人力资本理论构建者舒尔茨在1960年前后较为系统地提出了人力资本概念，认为人力资本是人们获取有用的技术和技能，而人力资本投资是同时直接用于教育、保健以及为了获得良好的就业机会而用于国内移动的费用，从而将人力资本的形成途径归结为：正规教育投资；医疗与保健；职业培训或非正规教育；企业外进行的各种技术培训活动；个人或家庭为获得更好的就业机会而进行的迁移活动。美国经济学家、人力资本理论先驱者贝克尔认为，人力资本是对劳动者进行教育、培训和医疗保健的投入，从而劳动者获取收入能力的提高、健康状况的改善以及知识水平的提高。其后的学者在此基础上对人力资本的概念进行了扩展。

我国学者对人力资本的研究起步较晚，且不同学者在对国外人力资本概念理解的基础上从不同角度对人力资本概念做了不同概括。主要包括两类：一是从人力资本形成的角度出发，如余文华（2002）将人力资本定义为一种通过投资于已有人力资源而形成的、以复杂劳动为载体的可变资本；李玉江（2005）将人力资本定义为通过教育、培训、保健、劳动力迁移、就业信息获取等不同方式所获得的凝结于劳动者身体内的技能、学识和健康的总和；张凤林（2006）认为，人力资本指通过人力资本开发所形成的蕴藏于人体内的各种能力的总和，并可以将其分为体能或身体素质、智能或科技文化素质、德行或道德素质三大类；张文贤（2008）将人力资本定义为，以某种代价获得并能在劳动力市场上获得价值的能力或技能，是凝结在劳动者身上的、以体力劳动者和脑力劳动者的数量和质量相结合的资本；高素英（2010）认为，人力资本是指通过人力资本投资所开发形成的人的各种能力的总和。二是从人力资本作用角度出发，如李忠民（1999）将人力资本界定为凝结在人体内，能够物化于商品和服务，增加商品和服务效用并以此分享收益的价值；王金营（2001）将人力资本定义为通过投资形成的凝结在人身体内的知识、能力、健康等构成的，能够物化于商品和服务，增加商品和服务的效应，并以此获得收益的价值；朱必祥（2005）认为，人力资本是通过对人力资本的投资所形成的存在于人体中的并能带来未来收益的，以知识、技能和健康所体现出的价值；霍丽（2008）认为，人力资本是人们后天通过对自身的投资所获得的、存在于人体内的、具有经济价值的知识、技能、健康状况和思想观念的综合，并能在未来带来收益的价值。

从不同学者对人力资本的概括可知，人力资本主要指通过各种形式投资所形成的蕴含于人体内的以知识、健康和劳动技能等形式存在，而且能给社会和个人带来收益的价值。

国内外学者在对人力资本内涵理解的基础上，确定了人力资本投资范围，不同学者对投资范围有不同看法。舒尔茨在其著作《论人力资本投资》中，将人力资本投资的范围归结为五个方面：正规的初等、中等和高等教育支出；用于影响人的体力、耐力、精力和活动的卫生保健支出；各种在职培训支出；个人和家庭用于寻找就业机会的支出；各种成人教育计划。但在对人力资本的实际测算中，由于数据收集困难，众多学者对人力资本测算的范围也存在一定差异，如沈利生、朱运法（1999）将人力资本投资范围定义为教育投资、再教育投资、卫生保健投资；侯风云（2007）将人力资本投资范围定义为教育、文化、科研、健康、干中学和就业迁移六个方面；谭永生（2007）认为，人力资本投资的覆盖范围为教育、在职培训、卫生保健和迁移流动；张藕香（2009）认为，人力资本测算包括因教育、培训、健康、迁移、经验、教训等形式所付出的货币支出；钱雪亚（2011）选取的范围包括教育培训、卫生保健；焦斌龙（2011）将人力资本投资范围界定为教育、卫生、科研、培训和迁移五个方面。

2.1.2 人力资本理论的内容

20 世纪 50 年代以来，传统的经济理论难以对西方国家社会经济生活中新出现的经济问题进行有效解释，如列昂惕夫之谜、索洛残值等经济之谜，而微观经济学内容和方法的日益公理化和程式化为运用经济学方法研究人类经济生活的各个领域提供了动力。现代人力资本理论通过将人力资本作为一种重要的生产要素纳入到资本的范畴，可以有效解决这些经济问题，因而现代人力资本理论迅速发展起来。在发展过程中，以舒尔茨、明塞尔和贝克尔为代表的经济学家对现代人力资本理论做出了卓越贡献。

舒尔茨在 1960 年前后发表了几篇重要文章，较为系统地提出了人力资本概念，同时详细阐述了人力资本投资的主要内容及其在经济增长中所起的作用。他从在二战中受到重创国家的经济飞速发展中发现，人力资本因素是这些国家经济发展的主要源泉，并将人力资本的形成归结为：第一，正规教育投资，包括正规学校中的初等、中等或高等教育；第二，医疗与保健，它主要为影响一个人的健康、寿命及生命力等方面的费用支出；第三，职业培训或非正规教育，主要指员工进入企业为增进员工的技能而进行的各种培训活动；第四，企业外进行的各种技术培训活动；第五，个人或家庭为获得更好的就业机会而进行的迁移活动。舒尔茨还测算出 1929~1957 年美国的教育投资对经济增长的贡献比例为 33%。

与舒尔茨从宏观方面分析教育对经济增长的作用不同，贝克尔主要从人力资本的微观方面进行分析。在《人力资本》一书中，贝克尔构建出人力资本投资均衡模型，此外还分析了正规教育、在职培训和人力资本投资中的成本和收益问题，讨论了在职教育的经济意义，同时研究了人力资本投资和收入差距之间的关系，并强调了教育和培训对人力资本形成的重要作用。

美国经济学家明塞尔通过建立经济数学模型研究了个人收入与其所接受的培训之间的关系，认为对教育或人力资本投资的差异是造成个人收入差异的主要原因，并构建了人力资本收入函数，从而系统地考察人力资本与收入分配之间的关系。同时，他还对劳动市场行为与家庭决策，以及已婚妇女的劳动供给进行分析，提出了很多新见解。在三位经济学家构建完人力资本理论框架之后，对人力资本的研究已经融入西方的主流经济学中，并取得进一步发展，就人力资本理论而言，这些发展主要围绕以下问题：首先，关于人力资本投资收益率的研究，主要研究教育的投资收益率；其次，对人力资本投资与经济增长关系的研究；再次，对人力资本与居民收入差距之间关系的研究；最后，将人力资本理论运用到经济学不同的领域中，形成新的经济学分支，如家庭经济学、社会经济学、人口经济学等。

从总体看，现代人力资本理论的发展使人的因素在物质资料生产中的决定性地位得以确立，证明推动经济增长的真正动力是劳动者。同时，现代人力资本理论全面分析了人力资本的含义、形成途径，并将人力资本投资视为一种重要的投资而纳入生产过程中，从而为经济增长理论、资本理论和收入分配理论带来了巨大变化。

2.1.3 人力资本的测量方法

由于人力资本所存在的特殊性，使得对它的度量存在差异，因而不同学者提出了众多的测量方法。总体而言，人力资本的测量方法主要有以下几种：

2.1.3.1 成本法

测算人力资本存量的成本法是通过计算人力资本投资的成本从而测算人力资本的存量水平。这种方法最早源于 Engle（1883），他主张将全部人口划分为若干不同的阶层，并假定每个人到 26 岁就被完全开发出来，而每个阶层人口出生时的成本为 c_i，每年各个阶层的人新增加的成本为 c_iq_i，因此，年龄为 x 的人的人力资本为：

$$C_i(x)=c_i\left[1+x+\frac{q_ix(1+x)}{2}\right] \tag{2-1}$$

由于这种方法仅仅考虑个人对人力资本进行的投资，没有考虑到在教育、卫生等方面的公共投资和人的禀赋对人力资本的影响，所以有可能会得出不符合实际的结论，但其思路为之后的相关研究提供了良好的指引。在 Engle 研究思路的基础上，不同学者从成本角度对人力资本存量进行了研究，其中 Kendrick（1976）的研究最具有代表性，他将人力资本投资分为有形和无形两个方面，其中，有形人力资本投资指将小孩抚养到 15 岁所花的费用，而无形人力资本投资指公共教育、培训、劳动力流动、卫生保健等方面的投资，并对美国在 1929~1969 年的名义人力资本存量进行测算。同时，他还在 1994 年使用相同的方法将美国人力资本存量的数据更新到 1990 年。我国学者借用 Kendrick 的研究思路对我国的人力资本存量进行了测算，如张帆（2000）将人力资本投资分为狭义和广义两种，并对估算出的每年真实人力资本投资扣除折旧进行累计，从而估算出我国 1953~1995 年的人力资本存量，并与 Kendrick 所测算的美国的人力资本存量进行对比。孙景尉（2005）和侯风云（2007）同样利用 Kendrick 的研究思路对我国的人力资本存量进行了测算。

2.1.3.2 收入法

测算人力资本存量的收入法主要是通过计算人力资本所能获得的当期或未来的收益来估算人力资本存量水平。较早采用人力资本收入法对人力资本价值进行计算的是 Dublin 和 Lotka（1930），他们指出年龄为 a 的人们的人力资本 $HC(a)$ 为：

$$HC(a)=\sum_{x=a}^{\infty} V^{x-a}Y(x)E(x)P(a,\ x) \tag{2-2}$$

式中，$V^{x-a}=\left(\frac{1}{1+r}\right)^{x-a}$，表示 $x-a$ 年后每单位货币的现值，r 为贴现率，$Y(x)$、$E(x)$分别为 x 岁劳动者的年收入和就业率，而 $P(a,\ x)$表示其能活到 $a+x$ 岁的概率。这种人力资本估算方法的实质是将预期收益的现值当作人力资本的价值。

Jorgenson 和 Fraumeni（1989）提出了另一种基于收入的人力资本水平的估算方法，其人力资本水平的计算公式为：

$$HK_a^e = W_a^e Y_a^e + \frac{HK_{a+1}^e S_{a,\ a+1}}{(1+r)} + \frac{\sum_{j\in E}\sum_{t\in T} E_a^{jt} L_{a+t}^a W_{a+t}^e HK_{a+t}^e}{(1+r)^t} \tag{2-3}$$

式中，HK 表示人力资本存量，W_a^e 表示受教育水平为 e、年龄为 a 的人口的就业率，而 Y_a^e 则表示年收入，$S_{a,a+1}$ 表示年龄为 a 的人可以在下一年继续生存的概率，r 为人力资本折现率，E 表示所有受教育水平的总和，T 是每个属于 E 的受教育水平的受教育年限的集合，E_a^{jt} 是年龄为 a、受教育水平为 j 的第 t 年教育的人口数在年龄为 a 的人口中所占的比重，L_{a+t}^{a} 为年龄为 $a+t$ 的劳动者的劳动参与率。

Mulligan 和 Martin（1997）考虑到人力资本必须与物质资本相匹配，且物质资本的状态会对个体的收入水平产生影响，并依此将劳动力分为七个层次，同时假定劳动者的边际产出等于其工资，最终构建了基于未来收入的人力资本估算模型：

$$H_i(t) = \int_0^{\infty} \theta_i(t, s)\eta_i(t, s)ds \tag{2-4}$$

式中，$H_i(t)$表示第 i 个经济体第 t 年的平均人力资本存量水平，$\eta_i(t, s)$表示第 i 个经济体中受教育程度为 s 的劳动者在全体劳动者中的比重，其值为 $\frac{N_i(t, s)}{N_i(t)}$，其中 $N_i(t, s)$表示在 t 年接受 s 年教育的人数，$N_i(t)$则表示在 t 年的总劳动者人数，$\theta_i(t, s)$则为效率参数，其值为$\frac{w_i(t, s)}{w_i(t, 0)}$，其中 $w_i(t, s)$表示接受 s 年教育的劳动者的工资收入，$w_i(t, 0)$为没有接受教育的劳动者的工资收入。

由于收入法要求有当期和未来的收入的相关数据，对统计数据的要求较高，而我国现有的各种相关统计数据难以符合其要求，因此我国学者运用收入法对人力资本存量测算的研究相对较少。其中，朱平芳和徐大丰（2007）通过对 Mulligan 和 Martin（1997）的方法进行拓展，提出单位人力资本的概念，并计算了我国各城市的人力资本，发现人力资本均呈现增长的趋势；李海峥和梁赟玲（2010）对 Jorgenson 和 Fraumeni 的终生收入法进行改进，并测算出 1985～2007 年我国的人力资本总量与人均人力资本。

2.1.3.3　其他方法

有些学者在对人力资本进行研究时采用了其他的与教育成就相关的指标反映人力资本存量，如采用成人识字率、文盲率、学生在校率、入学率等相对数形式的指标。还有一些学者采用平均受教育年限表示人力资本存量，这种方法主要利用各教育层次的受教育年限与其相应的人口数相乘后，再进行平均所得的平均受教育年限来表示，这是一个相对数形式的指标。

2.1.3.4 简评

随着对人力资本研究的不断深入，我们对人力资本存量水平的测算方法已经有了显著进步。综观测算人力资本的成本法、收入法以及其他方法后发现，这些方法各有优缺点。就收入法而言，它充分体现出人力资本作为一种资本形式所应有的收益性特点，但将未来全部收益的现值当作人力资本存量实际上是将一切影响未来收益的因素都纳入人力资本范畴，这表示一切用于人身上的支出均为人力资本投资，但由于用于人身的支出包括积累人力资本的部分和不属于人力资本投资范畴的维持劳动者基本生存部分，因而这种方法认为所有支出均是人力资本投资，从而将人力资本投资的范畴扩大了。同时在使用这种方法对人力资本进行测算时，不仅需要人口、劳动力和居民收支的数据，还需要各年龄段的死亡率、失业率和受教育程度数据，这样的数据在很多国家和地区都是难以获取的，因此这种方法在国内外的研究中使用较少。

而就成本法看，它符合人力资本的概念，蕴含于人体内的人力资本是通过对人的投资积累所形成的。一般而言，对人力资本投资越多，人力资本存量越大，因此从累计成本角度对人力资本进行计量是合理的，同时这种方法在操作上更具有可行性，这是由于所需要的各阶段的教育支出、卫生保健支出等数据较易获得，这使得国内学者对人力资本存量进行估算时大多采用成本法，但这种方法没有将消费性支出与投资性支出有效区分，消费性支出是抚养儿童正常成长、维持其正常的生理需要的一种支出，并没有对其知识和技能的增加产生影响，不能列入人力资本投资范畴。同时，由于劳动者是人力资本的载体，劳动者的流动会导致一国（地区）通过累计投资所测算的人力资本存量与其真实存量间产生较大的偏差。

其他方法主要采用与教育相关的指标来衡量人力资本，其显著的优点在于直观、易于操作且其进行计算的各种基础数据容易获取，但不足之处也十分突出：一是计量范围过于狭窄，由于人力资本形成的渠道不仅局限于教育，卫生、非正规的教育等也是形成人力资本的重要方面，因而仅用教育指标衡量人力资本一般都是存在偏差的；二是指标的不确定性，无论是教育的相对数指标，还是绝对数指标，指标本身都存在多种选择，指标不同其反映的侧重点就存在差异；三是指标统计口径不同，如平均受教育年限，由于教育层次划分口径与赋值方法和标准不同，不同学者的测算结果将会出现较大差异。

2.2 人力资本投资效率理论

经济学、管理学都重视对效率的研究，并取得了丰硕成果，本章接下来对其进行概述。

2.2.1 效率的内涵

最早的效率概念源于物理学，《辞海》将效率定义为："一种机械在工作时的输出能量与输入能量间的比值。"后来经济学意义上的效率也从投入和产出的角度考察。自亚当·斯密到帕累托之前的经济学家都对效率进行了思考，但均未对其进行明确。帕累托（1906）在《政治经济学教程》中首次提出了帕累托效率的定义，指出"对于一种资源的配置，如不存在其他可行的配置，这种配置使得所有个体与他们初始的状况一样好，同时还会使至少一个人的情况变得更好，那这种资源配置就是最优的"。Farrell（1957）在帕累托效率的基础上对效率进行了界定，并将效率分为两个方面：技术效率（Technical Efficiency）和配置效率（Allocation Efficiency），并从投入角度对技术效率进行了界定，认为技术效率是生产单元在各种产出水平下实现投入最小化的能力。在 Farrell 后，Leibenstein（1966）进一步对技术效率进行了解释，认为技术效率是一个生产单元在各种投入要素既定下实现产量最大化的能力。之后的 Charnes（1978）分别从投入和产出角度对 Farrell 和 Leibenstein 的技术效率进行了较为全面的解释。其后的学者也对配置效率进行了研究，如《新帕尔格雷夫经济学大词典》（1992）中将效率定义为资源配置效率，认为资源配置效率是在资源和技术的限制下尽可能满足人类需要的运行状况。Lovell（1993）认为，配置效率是一个生产单元在生产要素价格和技术条件相同的情况下，实现产出（或投入）的最优组合能力，其中各种要素的产出弹性等于要素在总成本中的比重，而此时的配置效率是最优的，不存在配置效率的损耗。

在经济学的研究中，很多经济学者认为核心是效率问题，萨缪尔森认为经济效率即不存在浪费，不增加和减少一种商品的生产，整个社会生产处于生产可能性边界上。樊纲（1990）认为，经济有效率指在利用现有资源进行生产时所能为社会成员提供的效用满足的程度。经济效率是投入的生产资源与人类满足程度的对比，而投入的生产资源主要为现有经济技术条件下生产商品所需的各种资源，包括劳动力和生产资料。当效率概念用于微观层面的企业或机构时，主要指企业或机构能否使用一定的资源达到最大产出或在产出一定时达到投入最小。而宏观层面的社会经济效率指全部生产资源和所有人的总经济福利之间的关系。

从不同学者对效率的解释中可以看出，最一般意义上的效率概念指现有资源与它们所能提供的效用间的对比关系，也就是投入与产出或成本与收益之间的关系。因此，判断某个微观经济体是否有效率要看该经济体在投入一定的资源的情况下能否达到最大产出，或在产出一定时是否达到成本最小。基于这一思路，本书中所提到的效率主要指技术效率，也就是在产出既定的条件下，最小投入与实际产出之间的比值，或在投入既定的条件下，实际投入与最大产出之间的比值。

2.2.2 效率理论

不同经济学家对效率理论进行了深入研究，并取得了丰富成果，其中具有代表性的效率理论主要有以下几种：

亚当·斯密（1776）（1974 年中译本）在《国富论》中阐述了“看不见的手”能促进效率的提高。在市场为自由竞争和要素可以自由流动时，投资者的逐利性会使其不断增加投入并努力创造利润，从而必然会使效率得到提升，同时指出，劳动生产率的提高会提升经济增长，专业化和分工有利于劳动生产率的提升。大卫·李嘉图（1817）在其著作《政治经济学及赋税原理》中也阐明了利润的增长会促进技术进步和资本积累，从而会促进生产率的提高。

有些经济学家采用边际分析方法，利用均等利益原则，提出了资源配置的效率标准，认为某种资源在某一领域连续使用会形成经济利益的下降，只有重新配置资源才可以带来更大的利益，因此在市场完全竞争和信息对称的情况下，资源在不同部门间进行有序流动才能达到均衡状态。如马歇尔（1890）（1964 年中译本）采用边际学派效率理论的研究方法，运用严密的数学推导和逻辑推理得出结论：当生产者和消费者实现局部均衡时，社会资源的配置效率是最优的。庇古（1920）（2013 年中译本）采用马歇尔的局部均衡分析方法，以边际效用基数论为基础，得出资源和收入分配的效率标准，即资源的最优配置是增加单位生产要素时，生产者所获得的纯产值与社会所获得的纯产值相同，同时各经济部门的边际纯产值也相同。帕累托（1906）提出，生产资源配置最优效率的状态是任何资源配置方式的改变都不能在不降低任何人福利的情况下使其他人的福利得到提高，而要实现这种最优的资源配置，消费者、生产者和要素所有者都要得到最高的收入或利益。Kaldor（1939）和 Hicks（1939）在帕累托标准的基础上，放宽了其最优条件，提出资源的重新配置如果使一部分人获得更多收益，同时这些收益可以补偿受损者的损失并且有剩余，那么这种配置则是有效率的。萨缪尔森（1948）认为，效率是经济学的核心主题，有效率是社会资源得以最有效的利用，从而满足人类的愿望和需求，而资源有效配置的标准则是帕累托最优，他同时指出，不存在外部性、垄断和信息不对称等市场失灵的竞争性经济是一种均衡的经济状态。

还有经济学家通过在经济学分析中引入制度因素，从而对制度效率进行了考察。如 Coase（1937）在关于制度对经济运行影响的分析中，使用到“交易成本”概念，是指市场当事人在建立交易关系、搜寻信息、谈判、签约和监督条款执行时所产生的成本。由于涉及如何交易，因而一定的制度和规则有助于提高经济效率。Stigler（1946）将科斯的制度交易成本观点进行归纳后总结出科斯定理“……在完全竞争条件下，私人成本和社会成本将相同”。其后的学者又从科斯的理论内涵出发，从一般意义上对产权制度安排、交易成本的高低与资源配置效率之间的关系进行了阐述，揭示了制度因素对经济效率的作用。但由于交易成本只是影响资源配置效率高低的因素之一，因而产权制度成本只与资源配置效率相关，因而制度经济学的效率理论仅为分析经济制度运行效率提供一种方法。

二战后，经济学家对经济效率理论进行了系统研究。如 Farrell（1957）指出，一个企业总的经济效率包括技术效率和配置效率，其中技术效率指企业在投入既定时获得最大产出的能力，而配置效率是在价格和技术条件既定时，企业使用最优投入比例的能力。Whitesell（1994）指出，经济效率指一个经济体在既定的生产目标下的生产能力，可以分为技术效率和配置效率，其中技术效率指技术和投入要素给定时的实际产出与潜在产出的比较；配置效率指在按最小化成本的方式进行生产时的投入要素。

2.2.3 效率测算方法

随着计量方法的不断发展，在对经济效率的度量方面也取得长足进步。在经济学对效率的测算中，常用的度量方法是生产前沿分析方法，这种方法是指在技术水平既定的前提下，各种比例的投入所能获得的最大产出的集合。生产前沿通常使用生产函数表示，依据是否已知生产函数的具体形式又可以划分为参数方法和非参数方法，其中参数方法的代表是随机前沿分析（Stochastic Frontier Analysis，SFA），非参数方法的代表是数据包络分析（Data Envelopment Analysis，DEA）。两种方法各有特点，其中 SFA 的模型需要选择正确的生产函数形式，并且基本假设较为复杂，需要的投入产出数据要求较高，如果数据不符合模型假定，很容易造成计算失败，这些不足的存在限制了模型的发展；而 DEA 方法不需要考虑生产前沿的具体形式，也不需要确定具体的生产函数，对数据的要求也较 SFA 低，同时具有不需处理数据量纲和不同种类指标的权重的优点，仅仅需要投入和产出数据即可对效率进行测算，其具体的分析模型也较容易进行扩展。由于 DEA 有众多优点，因而这种方法较 SFA 发展更快，且被广泛运用于各种效率测算与评价中。

DEA 最早是由美国运筹学家 Chames、Cooper 和 Rhodes（1978）提出的，其理论基础源于 Farrell 以生产边界（Production Frontier，PF）衡量技术效率（Technical Efficiency，TE）的思想，主要是采用数学规划模型评价具有相同类型的多投入和多产出决策单元（Decision Making Unit，DMU）的相对有效性，其基本思想是将每个被评价单元作为一个 DMU，从而将众多 DMU 组成评价群体，通过对总输出和总投入比率的综合分析，确定有效产出的生产边界，并根据每个与有效产出的生产边界的距离测算出每个 DMU 的相对效率，落在生产边界上的 DMU 其投入产出组合被认为是有效率的，其效率值为 1；DMU 不落在边界上，则被认为是无效率的，并以生产边界为基础测算出其距离函数进而给出一个相对效率值。

目前，DEA 模型有很多，其中最基本的模型为 CCR 模型和 BCC 模型。

2.2.3.1　CCR 模型

CCR 模型是第一个重要的 DEA 模型，是由 Chames、Cooper 和 Rhodes 提出的，他们从 Farrell 提出的技术效率模型出发，将原先局限于单一投入和单一产出的效率分析方法拓展为多投入和多产出，此模型是基于规模报酬不变（Contant Returns to Scale，CRS）的生产技术条件。

假定有 n 个决策单元 DMU（$j=1, 2, \cdots, n$），每个 DMU 都有 m 种输入和 n 种输出，对于第 j 个 DMU 而言：

$x_{ij}=DMU_j$ 对 i 种输入的投入量，$x_{ij}>0(0\leqslant i\leqslant m)$

$y_{rj}=DMU_j$ 对 r 种输出的产出量，$y_{rj}>0(0\leqslant r\leqslant s)$

为简便起见，用 X_j 和 Y_j 分别表示 DMU_j 的输入和输出向量，其中：

$X_j=(x_{1j}, x_{2j}, \cdots, x_{mj})^T$，$j=1, 2, \cdots, n$

$Y_j=(y_{1j}, y_{2j}, \cdots, y_{sj})^T$，$j=1, 2, \cdots, n$

则评价 DMU_0 相对有效性的 CCR 模型可以表示为：

$$\max \frac{u^TY_0}{v^TX_0}$$

$$\text{s.t.}\begin{cases}\dfrac{u^TY_j}{v^tX_j}\leqslant 1, & j=1, 2, \cdots, n\\ u\geqslant 0, & v\geqslant 0\end{cases} \tag{2-5}$$

式中，$v=(v_1, v_2, \cdots, v_m)^T$ 表示 m 种输入的权重系数，$u=(u_1, u_2, \cdots, u_s)^T$ 表示 s 种输出的权重系数，$\frac{u^TY_0}{v^TX_0}$则表示决策单元 DMU_0 的总输入和总输出的综合比率。

由于式（2-5）是一个不便于计算的分式规划问题，因此借助 Chames-Cooper 变换，设 $t=\frac{1}{v^TX_0}>0$，$\omega=tv$，$\mu=tu$，则可将分式规划转换为等价的乘子形式的线性规划：

$$\max \mu^TY_0$$

$$\text{s.t.}\begin{cases}\omega^TX_j-\mu^TY_j\geqslant 0, & j=1, 2, \cdots, n\\ \omega^TX_0=1\\ \mu\geqslant 0, & v\geqslant 0\end{cases} \tag{2-6}$$

式（2-6）表示，在将目标决策单元 DMU_0 与其他决策单元比较后可以找到一组权重系数使 DMU_0 的效率达到最大。由于 DEA 所具有的有效性特征与多目标规划问题的帕累托有效解在本质上是一致的，因而当不能使其他的 DMU 输入或输出变坏的情况下改善任何输入或输出时，一个 DMU 是有效的。

按照线性规划的对偶理论，引入投入和产出变量的松弛变量 $s^{-0}\geqslant 0$、$s^{+0}\geqslant 0$ 后，可以得到一个相应的对偶规划：

$$\min\theta$$

$$\text{s. t.}\begin{cases}\sum_{j=1}^{n}X_j\lambda_j+s^{-0}=\theta X_0\\ \sum_{j=1}^{n}Y_j\lambda_j-s^{+0}=Y_0\\ \lambda_j\geqslant 0\quad j=1,\ 2,\ \cdots,\ n\end{cases}\tag{2-7}$$

根据相关定理可知，式(2-6)和式(2-7)均存在最优解，且均≤1。假定 θ^*、$\lambda_j^*(j=1,\ 2,\ \cdots,\ n)$、$s^{-0*}$、$s^{+0*}$ 为对偶规划的最优解，则有：

(1)当效率值 $\theta^*=1$ 时，则称 DMU_0 为弱 DEA 有效。

(2)当效率值 $\theta^*=1$，且 $s^{-0*}=0$，$s^{+0*}=0$ 时，则称 DMU_0 为 DEA 有效。

(3)若 $\theta^*<1$，则称 DMU_0 为非 DEA 有效。

2.2.3.2 BCC 模型

由于 CCR 模型中假定生产可能集是一种凸锥，是不切合实际的，因此，Banker 等（1984）提出了不考虑生产可能集的锥性假定的 DEA 模型，即 BCC 模型。此模型是基于可变规模报酬（Variable Returns to Scale，VRS）的生产条件，有效生产前沿面不再通过原点。此模型可表示为：

$$\max\frac{\mu^TY_0+h_0}{v^TX_0}$$

$$\text{s. t.}\begin{cases}\dfrac{\mu^TY_j+h_0}{v^TX_j}\leqslant 1,\ j=1,\ 2,\ \cdots,\ n\\ \mu\geqslant 0,\ v\geqslant 0\end{cases}\tag{2-8}$$

由于式（2-8）为一个分子规划，因而令 $t=\dfrac{1}{v^TX_0}>0$，$\omega=tv$，$\mu=tu$，从而将

式(2-8)转化为等价形式的线性规划：

$$\max \mu^T Y_0 + h_0$$

$$\text{s. t.} \begin{cases} \omega^T X_j - \mu^T Y_j - h_0 \geqslant 0, \ j=1, \ 2, \ \cdots, \ n \\ \omega^T X_0 = 1 \\ u \geqslant 0, \ v \geqslant 0 \end{cases} \tag{2-9}$$

按照线性规划的对偶理论，引入松弛变量后 $s^{-0} \geqslant 0$、$s^{+0} \geqslant 0$，从而可以得到一个对应的对偶规划：

$$\min\theta$$

$$\text{s. t.} \begin{cases} \sum_{j=1}^{n} X_j \lambda_j + s^{-0} = \theta X_0 \\ \sum_{j=1}^{n} Y_j \lambda_j - s^{+0} = Y_0 \\ \sum_{j=1}^{n} \lambda_j = 1 \\ \lambda_j \geqslant 0, \ j = 1, \ 2, \ \cdots, \ n \end{cases} \tag{2-10}$$

假定 θ^*、$\lambda_j^*(j=1, \ 2, \ \cdots, \ n)$、$s^{-0*}$、$s^{+0*}$ 为式(2-10)的最优解，则：①若效率值 $\theta^*=1$，则称 DMU_0 为弱 DEA 有效；②若效率值 $\theta^*=1$，且有 $s^{-0*}=0$、$s^{+0*}=0$，则称 DMU_0 为 DEA 有效；③若效率值 $\theta^*<1$，则称 DMU_0 为非 DEA 有效。

上述的 CCR 模型和 BCC 模型都是表述在生产可能集的范围内，保持输出（Y_0）不变，尽量将输入（X_0）按照同一比例（θ）缩小，因而上述两种方法被称为输入导向型的 DEA 模型。同样，可以从输入不变、输出最大化的角度评价 DMU_0 的有效性，即输出导向型的 DEA 模型。

2.2.4 人力资本投资效率

在效率内涵及其理论的基础上，本书认为，人力资本投资效率是对人力资本所进行的投入与其产出间的比值。从经济学视角看，对人力资本进行的投资可视为一种类似于生产的经济活动，对人力资本投资所消耗的资源和所获得的产出进行比较即可得出经济学意义上的效率，因而提高人力资本投资效率也是人力资本投资活动的一项重要目标。而要对人力资本投资效率进行测算，需要设置一系列代表人力资本投资的投入和产出指标，如教育经费、医疗卫生支出、培训支出、流动与迁移支出、学校、教职工人数、医疗机构及其从业人员、受教育程度、健康状况的改善、公民素质和道德水平的提高等。

从宏观角度看，对人力资本进行的投资主要是政府财政对教育、医疗卫生、培训、学校和卫生机构等方面的支出，而产出主要为全体居民受教育程度的提高、社会卫生条件的改善、GDP 的增长以及人口流动带来的劳动力配置的改善等显性产出。同时，由于人力资本投资会产生正的外部效应，如对教育和培训的投入会提高居民的受教育程度和技能水平，从而降低其失业的可能性，进而维护社会稳定，同时会提升社会的文明程度和道德水平；对医疗卫生的投入会提高全体居民的健康水平和生命质量，从而为社会生产部门提供更多高质量的劳动者，但在实际测量中，由于人力资本投资外部性带来的隐形产出，很难使用定量方法准确测量。

从微观角度看，对人力资本进行的投资主要是居民个人在教育、卫生医疗、培训、迁移等方面的支出，而产出主要是受教育程度的提高、个人健康状况的改善、个人收入的提高等方面。人力资本是后天开发且蕴含于人自身中的智力、技能等的总和。同时，居民个人受教育程度的提高会带来其个人素质和道德水平的提高，并提升其适应就业岗位的能力，这些也是由人力资本投资带来的，但在实际测量时很难用定量的方法进行准确衡量。

对人力资本投资效率进行测量可以从微观和宏观角度出发。如要对居民个人的人力资本投资效率进行准确测算，需要对单一居民个体进行逐一的长期跟踪调查，而这在现实经济活动中是难以实现的。对宏观层面的人力资本投资效率测算时所要获取的指标不仅要考虑到其经济贡献，还应包括在改善社会文化方面的贡献，而由于指标量化的可能性和统计数据的可获取性的原因，必然要对相应指标进行取舍。同时，政府财政和居民对人力资本的经济与投入及相应产出，在相关统计年鉴中均存在相应数据，因而本书在综合考虑后对宏观人力资本投资效率进行测算。

2.3 收入分配研究

收入分配问题一直受到社会各界的广泛关注，国内外学者对收入分配问题进行了较为广泛的研究，并取得了一定成果。

2.3.1 国外收入分配研究

国外关于收入分配问题的研究是随着经济增长理论发展而逐渐完善的。现代关于收入分配的研究主要集中在以下几个方面。

首先是对收入分配与经济增长之间关系的研究。20 世纪 50 年代中期，Kuznets（1955）在《美国经济评论》上发表了题为《经济增长与收入不平等》的文章，在文中他通过对工业化国家的历史考察，提出了经济发展与收入差距之间存在一种倒 U 型关系的假说，即随着经济发展，国家收入分配不均等呈现出先扩大后缩小的趋势。在这之后，许多学者开始对收入分配问题进行研究。一些学者的研究支持库兹涅茨的结论，如 Kravis（1960）通过对低收入国家和高收入国家收入数据的研究后发现，低收入国家的收入差距要高于高收入国家，这从一定程度上支持了库兹涅茨的倒 U 型假设。Soltow（1968）通过对英国等国家的收入历史数据进行分析后发现，收入差距随着经济发展出现扩大趋势，符合倒 U 型曲线后半段的趋势。Ahluwalia（1976）利用包括发达国家和发展中国家的样本数据对经济发展和收入差距进行研究后发现，两者之间确实存在库兹涅茨所指出的倒 U 型关系。也有学者认为两者之间不存在倒 U 型关系，如 Fields（1994）的研究。Anand 和 Kanbur（1993）利用 60 个发展中国家和发达国家的数据进行研究后发现，库兹涅茨的倒 U 型曲线并不存在。Deininger 和 Squire（1998）利用跨国面板数据进行分析后发现，在使用所有国家的数据进行分析后得到的结果是支持库兹涅茨假说的，而由于拉美国家人均收入属于中等水平但收入差距却是最大的，在去除拉美国家数据后的分析结果则并不支持库兹涅茨假说。

其次是对收入分配的影响因素的研究。不同学者认为影响收入分配的因素主要是国际移民的存在、经济全球化、教育和技术进步等。Assaf 和 Sadka（1995）认为，由于工资的刚性和福利体系的压力，大量移民的进入会造成流入国的收入分配不均等。Norman（1994）通过对发达国家，尤其是美国的相关数据分析后发现，全球化和自由市场政策会加剧收入差距程度。Richard（1993）认为，全球化和贸易自由化的发展对收入分配基本不产生影响。Wassily（1995）认为，由于技术的进步，使得对劳动力的需求减少，最终加剧了收入的不均等。

还有一些学者对测量收入分配差距的方法进行研究并进行相应测算。Barrett 和 Salles（1995）对广义基尼系数的有关概念进行了研究及推导。Aaberge（2001）对收入分配与相关洛伦兹曲线的排序问题进行了研究，通过设置洛伦兹曲线引入适当的偏好关系，从而提出洛伦兹曲线排序的两个备选公理。Qin 等（2010）研究了在使用基尼系数测算不均等时的经验置信区间。Shi 等（2010）利用多元回归方法，评估和分解了 1989~2006 年家庭收入流动性的决定因素及其对我国农村收入流动的贡献。

2.3.2 国内收入分配研究

国内对收入分配问题的研究主要是集中于收入差距的测量研究、收入差距的表现形式及其影响因素的研究。其中，对收入差距的测量主要采用基尼系数、泰尔指数以及方差、标准差、变异系数、极差等指标，但由于每一种测算方法都有其适用范围和优缺点，因此，不同学者都试图对原有方法进行改进以更准确地对不均等程度进行测量，主要包括：通过对基尼系数计算方法进行改进计算基尼系数；使用广义熵指数进行不均等程度测算。同时，有些学者还对收入差距的具体形式及其各种不同影响因素进行了研究。

2.3.2.1 利用基尼系数研究收入分配

一些学者通过对基尼系数测算公式进行修正以测算收入差距。

胡祖光（2004）针对历年《中国统计年鉴》中城镇和农村居民收入数据单列而难以直接测算城乡统一的基尼系数的缺陷，提出采用五分法中收入最高组与最低组各自所占的收入比重之差来简单计算基尼系数，并利用 32 个国家的统计数据进行测算，发现测算结果与世界银行所公布的基尼系数极为接近。

陈昌兵（2007）利用非等分组基尼系数公式分别计算出 21 个省份 1995~

2004 年城镇、农村和城乡居民的收入基尼系数，并以此为基础，利用非参数模型中的分布密度函数估计方法对各省份城镇、农村和城乡居民基尼系数的变化特征进行了分析，结果表明以分配公平程度和收入水平为标准所判定的地区收入差距与东、中、西部三大地区的划分一致。

程永宏（2006）提出了城乡混合基尼系数的新算法和分解形式，同时使用新算法计算并分解了个别年份的城乡混合基尼系数以检验新算法的有效性。

唐莉等（2006）利用 Yao 和 Liu（1996）提出的四步分解法对基尼系数进行分解，并利用我国 2003 年城镇调查数据，说明在对我国城市居民收入差距状况进行研究时，这种分解方法较为简便。

冯振华等（2012）认为，从基尼系数的几何算法出发，将洛伦兹曲线的平均曲率作为权重，可以计算出较为合理的基尼系数，并利用 2009 年我国城镇和农村居民的实际收入，通过曲率变化特点来分析结构因素对我国收入差距的影响。

胡志军（2012）利用城镇和农村的收入分组数据，在广义 Beta Ⅱ 分布假定下估算出一个基尼系数，同时构建了一个分析收入分配和经济增长对社会福利影响的框架，结果表明，1985~2009 年我国城镇、农村和总体的基尼系数和社会福利水平均呈现上升趋势，但经济增长所产生的社会福利增加额中的 26.44%被总体收入分配状况的恶化抵消了。

陈娟（2013）利用非参数拟合方法，并对拟合效果进行检验后发现，基于非参数估计的收入分布可以更准确地对收入分布拟合，并依此对基尼系数进行估算，测算结果表明，城镇和农村居民的收入差距在恶化，且 1997 年后出现加剧趋势。

张吉超（2017）利用 ADF 单位根检验和 Engle-Granger 协整检验方法对中国 2000~2015 年基尼系数与劳动收入份额的关系进行实证分析，研究发现，收入分配基尼系数与劳动收入份额呈负相关，劳动收入份额的下降提高了个人收入分配的不平等程度。

张磊等（2019）研究发现，1978~2017 年，中国收入不平等可能性边界持续扩张，最大可行基尼系数从 0.2281 提升至 0.8446，而同期中国收入不平等提取率总体呈现下降趋势，从 123%下降到 55%。

2.3.2.2 利用广义熵指数研究收入分配

有些学者采用广义熵指数对收入差距进行了测算。

冯星光和张晓静（2005）采用广义熵指数测算了我国 1978~2003 年的地区收入差距并对其进行分解，就总体而言，我国地区间的收入差距呈现出先下降后上升的变动趋势，而三大地区内部差距在缩小但地区之间的差距呈扩大态势。同时，地区间差距变动加剧了总体地区差距，而地区内部差距又对总体地区差距起到缓解作用。

刘小川和汪冲（2008）运用 Kakwani 累进性指数（简称 K 指数）分析了地区收入差距受个人所得税影响的大小，通过分别对工薪所得税、财产所得税和经营所得税税负累进性分析，发现地区间工薪所得税的税负累进性与发达国家基本相同，具有调节收入差距的作用，而其他两种则存在较严重的地区差异，并未起到调节收入差距的作用。

孙敬水和何东（2010）利用泰尔指数和综合指数两种方法对我国地区收入差距进行监测预警分析，结果表明，我国三大地区间的差距占地区总差距的一半以上，且各地区间差距比重有上升趋势，同时我国地区收入差距现状和变化有加剧趋势。

颜敏（2013）使用中国健康与营养调查（CHNS）1989~2009 年数据，采用泰尔指数对我国高中以上劳动者间的工资差距和大学教育对工资不均等的贡献程度进行测算，结果发现，大学教育是我国现阶段工资收入差距逐渐扩大的重要因素，可以解释工资差距的 10.33%。

2.3.2.3 收入分配影响因素的研究

国内众多的学者还对城乡收入差距和地区收入差距的影响因素进行了研究，并找出了影响收入差距的众多因素。

（1）城乡收入差距影响因素研究。学者们对城乡收入差距的影响因素进行了研究，发现影响因素主要有以下几类：一是倾向于城市的相关政策的影响，如各项财政支出向城市倾斜、农村金融发展滞后、城市化发展水平低等；二是人力资本水平的影响，如农村的教育水平和社会保障水平等；三是劳动力流动因素和户籍制度的影响。

有学者认为，倾向于城市的各种政策是造成城乡收入差距扩大的重要因素。

李实等（1998）利用国家统计局的估计结果绘制了农村和城镇内部居民收入的基尼系数的变动趋势线后发现，城乡收入差距的一个主要来源是收入再分配政策落后于收入分配体制变革，如城镇居民税收远比农村居民的税收负担轻，同时社会保障制度在城乡之间存在差别。蔡昉和杨涛（2000）通过调整后的城市居民收入和农村的全部纯收入数据对城乡收入差距进行测算后发现，城乡收入差距由两种因素造成：一是政府对生产要素的各种干预，造成了资本和劳动力分别扭曲地集中于城市和农村；二是政府实行有利于城市发展的直接转移项目，如价格补贴等。苏雪串（2002）研究后发现，我国城乡收入差距的变化是一种先缩小后扩大的趋势，并指出较低的城市化水平会制约农民的农业收入提高和乡镇企业的发展，从而制约农民的非农业收入的增长，因而较低的城市化水平是导致城乡收入差距扩大的根本原因。姚耀军（2005）对我国 1978~2002 年金融发展和城乡收入差距关系进行研究后发现，城乡金融发展的巨大差异是造成城乡收入差距的一个重要原因。陈斌开和林毅夫（2013）认为，由于政府鼓励资本密集型部门优先发展，造成城市部门就业需求相对下降从而延缓城市化进程，因而农村剩余劳动力不能向城市进行有效转移，使得城乡收入差距扩大。高远东和张娜（2018）研究表明，中国城镇化发展对于城乡收入差距的影响存在基于城乡人力资本差距的“单门限效应”和基于农村人力资本水平的“双门限效应”，只有农村人力资本水平获得提升，直至城乡人力资本差距低于门限值时，城镇化对城乡收入差距缩小才会发挥作用，且在中国不同省际之间也存在较大差异。李娜（2021）发现，数字普惠金融通过提高人力资本积累和促进人力资本高级化显著缩小城乡收入差距，但作用程度在地区之间存在差异。徐伟祁等（2023）发现，数字经济发展对城乡收入差距的影响呈现出先缩小后扩大的倒 U 型，而农村人力资本水平的提升能够显著强化数字经济发展初期缩小城乡收入差距的积极作用，这种影响主要通过影响非农就业和农业生产率达到。

有些学者认为，人力资本水平是造成城乡收入差距的重要因素。陈斌开等（2010）发现，城乡教育水平的差异是中国城乡收入差距最重要的影响因素，其对我国城乡收入差距的贡献率高达 34.69%。王晓清和刘东（2012）发现，平均受教育年限与城乡收入差距呈倒 U 型关系，且我国目前处于临界点的左侧，因而提高平均受教育年限会使收入差距扩大。刘渝琳和陈玲（2012）发现，公共教育

和社会保障分别作用于教育投资和有效家庭劳动时间，而两者共同对人力资本积累产生影响从而影响收入，对两者投入的增加可以显著增加收入，但从城乡实际看，公共教育和社会保障投入反而扩大了城乡收入差距。赵强和朱雅玲（2021）研究表明，人力资本能显著提高居民总收入和劳动要素收入并缩小城乡收入差距，而资本要素收入和转移收入仅对有教育经历、工作经验的人力资本产生显著影响，且呈现收入差距扩大效应。罗楚亮和汪鲸（2021）研究发现，城镇人均收入高于农村且其内部收入差距更小，城乡收入差距则随收入的提高而下降，其中城镇和教育总量是总体收入差距不平等的主要贡献因素，教育是城乡组间收入差距禀赋效应的主要贡献因素。程锐和马莉莉（2022）研究发现，人力资本结构从初级向高级的优化会有效降低城乡收入差距且存在长期效应，且这种优化推动了农村农业部门人口转移至城市非农业部门，继而通过促进城市化和产业结构升级而缩小城乡收入差距。

有的学者认为，劳动力的流动和户籍制度会对城乡收入差距产生影响。蔡昉（2003）认为，造成城乡收入差距的原因在于政府的城乡关系政策易受城市居民影响，从而阻碍劳动力的流动并维系各种城市偏向的政策，但农民可以通过自发流动的方式最终推动城市偏向的政策的改变。陆铭和陈钊（2004）研究发现，人口户籍在地区间的转换及其他一些因素都会对城乡收入差距产生影响。万海远和李实（2013）发现，户籍歧视对城乡收入差距具有显著影响。匡远凤（2018）研究发现，农村劳动力转移到城镇就业对城乡间人力资本分布不均等产生显著影响，从而影响到城乡收入差距，进而又对劳动力转移产生一定反馈效应。乔榛和桂琳（2022）研究指出，劳动力流动会扩大区域收入差距，但两者之间存在非线性关系，在劳动力流动初期会扩大区域收入差距，而劳动力流动在达到一定规模之后则会缩小收入差距，而劳动力流动和收入差距的关系在区域间存在不同表现形式。

（2）地区收入差距影响因素研究。学者们对造成地区收入差距的原因进行了研究，认为各地区由于在生产要素、制度等方面存在差异从而造成了地区之间的收入差距。

有的学者认为，生产要素的地区差异对地区收入差距产生重要影响。赖德胜（1997）认为，人力资本差异是地区间收入差距扩大的深层次原因，同时指出由于不同地区之间在教育、卫生保健和国内迁移三个方面存在较大差异，从而造成了地区收入的巨大差异。蔡昉和都阳（2000）通过分析我国地区经济增长中的俱乐部趋同和条件趋同后发现，由于中西部地区在资源禀赋、市场扭曲等方面的不同，从而造成了与东部地区的收入差异。王小鲁和樊纲（2004）在考察了 20 世纪 80 年代后的地区收入差距趋势后认为，地区间生产率的差别及由此所引起的资本流动造成了地区收入差距的扩大。万广华等（2005）通过夏普利值分解法衡量了全球化对地区收入差距的影响，发现资本和全球化对地区收入差距的影响日趋重要。王秀芝和尹继东（2007）通过文献研究法发现，不断扩大的地区收入差距是由于要素流动、资源禀赋和教育投资等因素造成的。吴建新（2009）通过非参数生产前沿法发现，物质资本和人力资本积累是决定地区收入分布的主要因素，而效率因素是地区经济增长差异的主要来源。张文武和梁琦（2011）采用新经济地理模型进行研究后发现，人力资本在各省市间的分布不均衡很可能会拉大地区收入差距。郭庆旺等（2016）的研究表明，政府转移支出可使居民整体、城镇居民和农村居民的收入不平等程度缩小，其公平收入分配效果远高于个人所得税，且这种再分配效果对中等收入群体最显著。田志伟（2018）发现，企业所得税具有一定的累进性，能够减少城乡之间、城乡不同收入群体之间的收入分配差距。范庆泉（2018）的研究结果表明，过度的政府补偿政策会延缓收入分配格局改善进度，而不足的补偿政策会导致收入分配格局失衡。秦明和齐晔（2019）的研究发现，在污染行业产值较高的城市，环境规制对工资增长具有显著的抑制作用，同时还会抑制高污染行业低技能劳动力的工资增长。肖士盛等（2022）研究指出，企业数字化转型带来的生产技术升级会提升对高技能型人才的需求，同时挤出部分低技能劳动，在带来企业劳动收入份额的同时会造成收入差距的扩大。

有的学者认为，地区收入差距受到制度方面因素的影响。邱宜干（2001）通过纵向和横向比较分析后发现，国家实行的地区倾斜政策是地区收入差距的一个重要原因。林毅夫和刘培林（2003）认为，造成地区差异的主要原因在于国家施行重工业优先发展的赶超战略，从而造成生产要素存量配置结构同各地区的要素禀赋结构所决定的比较优势不匹配，进而造成大量的赶超企业缺乏自生能力。张曙霄等（2009）通过计算各地区之间和内部的贸易差距和收入差距后发现，我国对外贸易的内部区域结构失衡会扩大地区收入差距。金双华（2011）认为，由于我国的财政支出政策在地区间存在不同，且随着地区经济发展的不平衡，各地区财政支出的差距将持续扩大，从而会造成地区收入差距的扩大。胡文骏（2017）研究发现，财政支出、贸易开放显著扩大了收入差距，其中贸易开放显著抑制公共财政预算支出规模与不同类别的财政总支出规模，从而间接影响其收入分配效应。胡文骏（2017）研究发现，当财政供养人口比重超过16%时，个人所得税对收入差距产生明显逆向调节作用。詹鹏等（2018）研究发现，住房公积金增加了整体可支配收入，但会降低低收入家庭的可支配收入，最终会带来收入基尼系数和居民消费基尼系数的增加。汪洪溟和李宏（2019）研究发现，1978~2017年，我国的社会保障水平提高并没有对改善收入分配起到积极作用，城乡收入差距并未随着社会保障水平的提高出现下降趋势。李怡和柯杰升（2021）的研究结果表明，数字经济对农民收入具有正向促进作用，但同时加剧了收入差距，而电子商务表现出最明显的增收效应及对公平收入的负效应。孙一平和徐英博（2021）研究发现，互联网普及能够显著缩小中国总体居民收入差距，而这种影响在地区和城乡之间存在异质性。杜鑫和张贵友（2022）研究发现，总体的土地流转显著提高了初始收入较高的土地转入户的收入，对初始收入水平较低的土地转出户的收入影响有限，从而扩大了农村居民收入差距。

2.4 人力资本与收入分配研究

自从现代人力资本理论提出后，人力资本理论得到迅速发展，对人力资本与收入分配之间关系的研究逐步兴起。国内外学者对人力资本与收入分配关系的研究已经取得了大量研究成果。

2.4.1 国外人力资本与收入分配研究

早期的学者们关于人力资本对收入分配影响的系统研究源于20世纪60年代。明塞尔（1958，1974）从人力资本角度出发，研究了收入差距，通过构建著名的明塞尔收入函数说明了教育、工作经验和劳动收入之间的关系，认为劳动者所接受正规教育程度的差异可以解释其工资收入差异的33%，因此，他认为教育人力资本存量是造成个人收入差异的直接原因。舒尔茨（1960，1961）认为，人力资本的改善是缓解个人收入分配不公的一个重要途径，这是因为造成工资收入差别的一个主要原因是个人所接受教育的不同，而教育能提高个人获得收入的能力从而使得收入差别缩小。在明塞尔、舒尔茨后，西方学者们开始了对人力资本和收入分配问题的持续深入研究。在这些研究中，很多都聚焦于教育和健康对收入分配的影响。

2.4.1.1 教育与收入分配的研究

西方一些学者认为，教育水平的提高可以减少收入的不均等，从而缓解收入分配不公的现象。Adelman 和 Morris（1973）利用高等教育入学率和中等教育入学率的加权平均数代表教育水平，采用 43 个国家的数据进行实证研究后发现，教育水平的提高对收入最低的 40%和 60%人口具有正向作用，而对收入最高的 5%和 20%人口具有负向作用。Ahluwalia（1976）利用学校入学率和识字率作为衡量教育水平的指标，运用 66 个国家的数据进行实证研究后发现，识字率的提高和中等教育的发展分别有利于提高低收入人口和中等收入人口的收入，而中等教育的发展对高收入人口不利。Marin 和 Psacharopoulos（1976）利用美国的数据研究后发现，受教育年限每增加一年，收入的不均等程度则降低 10%，但对不同层次的效果是有所差别的，中等教育每增加 10%则收入不均等程度降低 4.4%，而高等教育每增加 5%则收入不均等程度降低 2%。Barro（1999）研究表明，初等教育与收入不均等程度呈负相关关系，而高等教育与收入不均等呈正相关关系。Sylwester（2002）运用跨国数据研究了教育与收入分配间的关系后发现，增加对公共教育的支出会降低收入差距水平。Anil（2008）通过对土耳其 1963~2005 年相关数据进行考察后发现，对中小学教育公共支出的增加是有利于改善收入分配状况的。Breen 和 Andersen（2012）发现，丹麦教育匹配的变化将会加剧收入差距，而这种匹配的变化是由教育在男女之间的分布状况造成的。Battiston 等（2014）发现，拉丁美洲受教育年限增加的直接效应在过去的 10 年和 20 年中是不相等的，且很小的教育提升都会加剧收入的不均等。Baliamoune-Lutz 和 Mcgillivary（2015）运用撒哈拉以南、北非和中东国家的数据研究教育的性别不均等对居民收入的影响，发现在初等和中等教育中的性别不均等对居民收入具有显著的负效应，尤其在北非和中东国家。

另一些学者认为，在经济发展的早期，教育水平的提高会对收入分配产生扩张作用，而在经济发展到一定程度后，教育会对收入分配产生缓解作用，也就是两者间存在一种倒 U 型关系。Leipziger 和 Lewis（1980）在对 19 个欠发达国家的相关数据进行分析后发现，收入基尼系数与成人识字率间呈正向关系，而与初等教育在校生人数呈负向关系。Ram（1990）利用不同国家的数据进行研究后发现，受教育水平和收入分配之间的倒 U 型关系是存在的，且在受教育年限为 7 年时达到拐点。Chun-Hung（2007）对中国台湾地区 1976~2003 年相关数据进行研究后发现，技能偏好型的技术变化会导致收入差距扩大，而收入差距扩大到一定程度后，教育的增加又会缩小收入差距。

2.4.1.2 卫生与收入分配的研究

西方学者对健康与收入差距关系进行研究后发现，健康对缩小收入差距具有积极作用。Haddad 和 Bouis（1991）利用菲律宾的相关数据研究后发现，身高对工资具有显著的影响。Barro（1997）认为，较高预期寿命和较低的死亡率会增加人们对人力资本的投资，从而对收入差距不均等起到缓解作用。Strauss 和 Thomas（1998）研究发现，身高对工资具有较大影响，男性身高每增加 1%，收入则增加 2.4%。Bloom 和 Canning（2000）认为，对健康的投资往往偏向于低收入者，从而可以帮助他们提高收入，同时通过对 31 个国家的数据进行实证研究分析后发现，一国 1990 年预期寿命的提高能在将来的 25 年中提高经济增长率并降低收入差距程度。Wu（2003）采用 HRS 调查数据进行研究后发现，严重疾病对家庭财富具有显著的负面影响，且对女性更明显。Kondo 等（2009）发现收入差距对健康具有负向作用，但这种负向作用只有在超过一个门槛后才可能出现。Hamilton 和 Kawachi（2013）研究发现，已经在美国居住了 6~20 年的来自比美国收入不均等程度更高的国家的移民的身体状况要好于那些来自比美国收入不均等程度低的国家，且那些来自发达国家、具有良好教育的已婚男性的身体状况更好。Siddiqi 和 Jones（2015）利用美国各州数据进行研究后发现，收入差距在短期内与婴儿死亡率呈负向关系，而长期内转变为正向关系。

2.4.2 国内人力资本与收入分配研究

国内学者从人力资本角度研究居民收入差距源于20世纪90年代末，且大部分研究认为人力资本因素是引起收入差距的一个重要因素，并分别从人力资本、教育、健康和劳动力流动等角度研究了人力资本与收入差距之间的关系。

2.4.2.1 人力资本与收入分配的研究

有的学者从人力资本角度研究收入差距。赖德胜（1997）认为，人力资本差异是造成地区收入差异的一个重要的深层原因，并分别从教育、卫生保健和劳动力流动方面进行分析。李实等（1998）对1988年和1995年两次居民收入调查数据进行研究后发现，城镇职工人力资本差异是造成收入差距的一个重要原因。刘社建和徐艳（2004）认为，我国城乡收入差距不断扩大的一个重要原因是城乡居民人力资本差异。郭剑雄（2005）认为，相对于城市而言，农村地区的高生育率和低人力资本积累率是造成农村地区收入增长困难的根本原因。靳卫东（2007）认为，我国现行的公共财政支出结构会造成人力资本投资供给曲线变动，从而使不同个体人力资本投资产生差异进而造成收入差距。在之后的研究中他又发现收入差距与人力资本投资之间的作用是相互的，在长期内我国农民的人力资本投资存在的稳定均衡会使农民的人力资本差距和收入差距逐渐增大。焦斌龙（2011）经过实证研究后发现，居民人力资本存量积累会带来人力资本对居民收入差距的存量效应，从而形成人力资本存量和居民收入差距之间的倒U型曲线，而我国正处于倒U型曲线的左侧。高连水（2011）研究发现，居民地区收入差距的扩大是由物质资本、人力资本、政府政策、全球化等因素共同造成的，而通过实证分析后发现，物质资本对居民地区收入差距的贡献为34.5%，而人力资本、政府政策和全球化因素的贡献率则超过10%。张艳华（2011）发现，人力资本有助于城乡收入的增长，且农村人力资本的产出弹性要高于城市，但其外溢效应较低，这在一定程度上拉大了城乡收入差距。杨晓军（2013）运用1993~2010年省际面板数据考察了农户人力资本投资对城乡收入差距的影响，结果表明，全国范围内的长期人力资本投资会有助于缩小城乡收入差距，而从区域看，东部和中部的农户人力资本投资对收入差距具有负向作用，而西部地区则具有正向作用。李学军（2017）研究表明，技能人力资本和知识人力资本的积累在一定程度上扩大了居民收入差距，而基础人力资本和制度人力资本的积累则缩小了居民收入差距。杨晶等（2019）研究发现，人力资本积累和社会保障制度能够有效抑制居民收入不平等程度的恶化，主要通过收入增长效应和收入差距减缓效应来降低居民收入不平等程度，且这种缓解作用在不同群体和城乡之间存在群体差异和阶层分化。杨晶等（2019）的研究结果还表明，失地农民个体收入不平等指数呈现自东向西递增的特征，失地农民人力资本越丰富，越容易降低失地农民个体收入不平等程度。

2.4.2.2 教育与收入分配的研究

还有一些学者从教育角度出发来研究收入差距。陈钊等（2004）研究发现，我国各省份教育水平不平衡，尤其是高等教育人口比重存在较大差距，但高等教育人口比重呈现出收敛趋势，且高等教育的持续均衡发展将有助于缩小地区收入差距。白雪梅（2004）研究发现，教育不均等同收入不平等之间存在较为稳定的紧密关系且教育的不均等会加剧收入的不均等，而现阶段中国正处于倒 U 型库兹涅茨曲线顶点的左侧。万广华等（2005）通过分解影响地区间收入差距的各种因素后发现，教育对地区差距有影响，但影响力出现逐渐减弱的趋势。高梦滔和姚洋（2006）发现，农户收入产生差距的主要原因在于教育和在职培训方面的差距。张车伟（2006）运用抽样数据进行研究后发现，我国目前的教育回报率较低，且出现“马太效应”，这意味着对人力资本进行的投资要更多地向穷人倾斜。邹薇和张芬（2006）在按收入来源对农村各地区收入差异进行研究后发现，农村各地区之间的收入差异主要来自其工资性收入差异，而这种工资性收入则与各地农民的受教育程度有关。温娇秀（2007）通过对省级面板数据进行分析后发现，我国城乡收入差距的一个重要原因是城乡教育差距，其中城乡教育差距每扩大 1%，城乡的收入差距将会扩大 6.4%，而且随着市场化改革的发展，两者的比重还在上升。刘敏楼（2008）对省级面板数据进行计量分析后发现，基础教育不是形成城乡收入差距的原因，同时高等教育与城乡收入差距呈现出 U 型关系，即在开始阶段高等教育规模的扩大会缩小收入差距，而在规模的不合理和无序扩大后反而会造成收入差距扩大。杨俊等（2008）发现，长期内收入差距的拉大会加剧教育不均等，而教育不均等的改善却无助于缩小收入差距。董志勇（2009）发现，公共教育在短期内可能会造成收入差距扩大，但长期内却能缩小收入差距。

孙敬水和何东（2010）根据 1997~2007 年我国 30 个省份的数据研究发现，城乡收入差距同平均受教育年限之间呈倒 U 型关系，拐点在 10.8 年，而教育基尼系数与收入差距呈 U 型关系，拐点在基尼系数的 0.22 处。熊广勤和张卫东（2010）运用分位数回归研究了教育对居民个人收入分配的影响后发现，教育对居民收入具有显著影响。陈斌开等（2010）通过对 2002 年 CHIP 数据进行 Oaxaca-Blinder 分解后得出，我国城乡收入差距最重要的影响因素是教育水平差异，其贡献率达到 34.69%。薛进军和高晓淳（2011）通过对 1988 年、1995 年和 2002 年中国家庭收入调查（CHIP）数据进行分析后发现，1988~2002 年我国城市教育水平上升很快，对收入增长的贡献很显著，但同时扩大了不同学历劳动者之间的收入差距，且呈现出一定的“马太效应”。梁润（2011）对历年 CHNS 数据进行分析后发现，城乡收入差距的扩大是由城乡教育水平自身的差异以及城乡教育收益率差异的扩大所引起的。刘渝琳和陈玲（2012）通过世代交替模型研究后发现，公共教育和社会保障分别通过作用于教育投资和有效家庭时间共同影响人力资本积累进而影响收入。许永洪等（2019）研究发现，教育扩展和收入差距之间的关系呈现出 U 型关系，普适性教育政策缓解了收入分配的不均等，而基础教育和高等教育的分化，整体教育水平的提升则加剧了收入分配的不平衡。陈晓东（2021）研究表明，我国居民由教育因素引致的收入不平等占总收入不平等的比重为 50.87%，且该比重系数存在显著的年龄异质性，而在教育引致的不平等中，很多是由家庭背景、社会环境、个体特征等环境因素带来的不合理成分导致的。

2.4.2.3　卫生与收入分配的研究

有些学者从卫生角度研究收入差距。

一方面研究了收入差距对卫生的影响。如胡琳琳（2005）利用调查数据研究后发现，健康不均等与收入不平等之间存在较为紧密的关系，但单从收入不平等难以很好地对健康不平等进行解释。封进和余央央（2007）通过对 1997 年和 2000 年 CHNS 中的农村面板数据进行分析后发现，收入差距对健康的影响存在滞后效应且呈倒 U 型。齐良书（2008）通过跨国面板数据分析后发现，收入分配对人口健康确实存在不利影响且存在 10 年左右的滞后期。杜雯雯和曹乾（2009）利用 2006 年 9 个省份的家庭调查数据对收入差距与城镇居民健康的关系进行研究后发现，当收入不变时，收入差距与健康之间呈倒 U 型关系。杨默（2011）

利用2004年和2006年数据得出了类似结论。

另一方面研究了卫生对收入差距的影响，田艳芳（2013）通过对2009年CHNS数据进行分析后发现个人健康具有加剧收入差距的效果。王怀明等（2014）利用CHNS中18岁以上农村居民的数据分析后发现，随着农村居民收入的增长，收入差距也在扩大，此时农村居民的健康对收入差距起到了扩张作用。田艳芳（2014）分析了1980年后个人和公共卫生支出对城乡居民收入差异的影响后发现，城乡个人的医疗保健支出比重的增大会带来城乡收入差距的扩大，而公共卫生支出的增加则会缩小城乡收入差距。

2.4.2.4 劳动力流动与收入分配的研究

还有一些学者研究了劳动力的流动与收入差距的关系。姚枝仲和周素芳（2003）认为，劳动力流动对缩小中国地区差距发挥了一定作用，但由于劳动力流动仍然受到限制，这种作用还存在很大的潜力。冯虹和王晶（2005）认为，随着我国城市化的发展，人口流动在长期内将有利于优化资源配置和城市化发展，但短期内会使收入分配恶化。邓曲恒（2007）通过对2002年城镇住户和流动人口的工资收入差异进行分解后发现，城镇居民和流动人口收入差异的60%可以归因于歧视，且在中、低收入者中，歧视是城镇居民和流动人口收入差距的最主要因素。王卫等（2007）对重庆市劳动力流动数据进行实证分析后发现，劳动力的流动可以提高收入者水平，从而对缩小地区、城乡的收入差距起到积极作用。蔡昉和王美艳（2009）发现，在我国存在着劳动力流动与城乡收入差距同时扩大的现象，并认为这是由于我国现行的调查制度存在缺陷从而高估了城市收入水平并低估了农村收入水平，并通过2001年的1%人口抽样调查数据进行了验证。刑春冰（2010）对2002年CHIP数据分析后发现，由于一些受教育程度较高、收入水平也较高的农村居民发生户籍转换，使得农村的收入水平及农村内部的收入不均等程度降低，而户籍没有转换的农村流动劳动力对农村的收入水平和收入不均等程度几乎不发生影响。樊士德（2011）通过实证分析后发现，劳动力的流动并没有缩小地区间的收入差距，反而拉大了地区差距。廖显浪（2012）认为，影响城乡收入差距的因素有很多，其中劳动力流动确实有助于缩小城乡收入差距，但由于存在其他多种因素综合作用的影响，造成实际效果不明显。杨建军和李勇辉（2016）研究发现，劳动力流动率越高，城乡收入差距越小，对于劳动力流入地而言，劳动力流动率越高城乡收入差距越小，而流出地则流动率越高收入差距越大。赵天阳和刘慧（2019）研究表明，地方对国有企业的依赖会降低对劳动力的吸纳，不利于劳动力流动，从而不利于城乡收入分配，劳动力流动性越充分越有利于缩小城乡收入差距。韩军和孔令丞（2020）研究发现，劳动力流动对城乡居民可支配收入具有正向促进作用，且对城镇的作用大于农村，从而造成城乡收入差距的扩大。唐聪聪（2022）指出，不同区域内的流动人口的收入水平在分化，城乡间流动人口的收入在扩大，流动人口内部的收入不均等程度未见缩小，深刻影响了我国居民的收入分配格局。

2.5 人力资本投资效率研究

随着效率测评方法的不断完善，学者们开始测算人力资本投资的效率，国内外研究主要集中在教育和医疗卫生的效率方面，且大多采用 DEA 方法。

2.5.1 国外人力资本投资效率研究

国外对人力资本投资效率的评价主要集中在教育和医疗卫生领域。

2.5.1.1 教育投资效率研究

在对教育效率进行评价的研究中，相关文献主要集中于对高校、高等与中等教育效率研究方面。Ahn（1989）采用 DEA 方法对美国得克萨斯州的高校效率进行评价，发现其效率值在 0.607~1。Breu 和 Raab（1994）采用 DEA 方法对美国公立大学的相对效率进行了评价。Athanassopulos 和 Shale（1997）运用 DEA 方法对英国高校效率进行研究后发现，英国高校的效率值的分布范围更广，其效率值在 0.3673~1。McMillan（1998）对加拿大大学的相对效率进行了研究。Abbott 和 Doucouliagos（2003）对澳大利亚 36 所高校的效率进行测算并进一步分析了它们的规模效率和技术效率后发现，这些高校整体运行效果较好。Afonso 和 Aubyn（2005）结合 DEA 与 FDH 方法，对 OECD 国家的教育和卫生行业的效率进行了测评。在此基础上，Afonso 和 Aubyn（2006）采用改进后的 DEA 模型对 20 多个

OECD 国家的中等教育办学效率进行了测评，发现人均 GDP 和父母的受教育程度与低效率高度相关。Johnes（2006）利用 100 所英国高校 2000/2001 年的相关数据，采用 DEA 方法对其技术效率和规模效率进行测算后，发现它们基本处于一个较高水平。Wolszczak-Derlacz 和 Parteka（2011）采用两阶段 DEA 方法对欧洲 7 个国家中的 259 所公立高校的效率进行测算后发现，效率值在不同国家的高校之间存在很大差异，而同一国家中不同高校之间存在较大差异，同时发现，较高的外部经费比重和女性科研人员比重均会改善其效率。Kong 和 Fu（2012）对中国台湾地区商学院的绩效进行评价，发现公立商学院的绩效要好于私立商学院。Selim 和 Bursalioglu（2015）利用土耳其 51 所公立大学 2006~2010 年数据，采用两阶段 DEA 方法对其效率进行测算，发现考察期内其效率值均处于较低水平，同时发现女生的数量对效率具有积极的影响。

2.5.1.2　卫生投资效率研究

在对卫生支出效率进行评价的研究中，主要集中于医院和卫生医疗体系的效率方面。Rfare 等（1997）测算了 OECD 国家的卫生健康支出的动态效率，结果表明，部分国家卫生生产率的快速提高源自该国的技术变革。Gupta 和 Verhoeven（2001）对非洲 37 个国家 1984~1995 年政府医疗卫生支出效率进行测量后发现，尽管这一时期内他们的效率有所提高，但仍然低于同期亚洲和西方国家的效率。Retzlaff-Roberts 等（2004）利用 OECD 国家 1998 年数据研究后发现，健康状况良好的国家大多卫生支出效率较高。Afonso 和 Aubyn（2004）对 OECD 国家卫生部门的生产效率进行研究后发现，日本、土耳其、墨西哥等国家的卫生财政支出是效率较高的。Xu（2006）对美国各州的健康不均等与健康绩效间的关系进行研究后发现，各州间的健康不均等与健康绩效存在较为明显的差异。Jafarov 和 Gunnarsson（2008）与 Schwellnus（2009）分别对克罗地亚和墨西哥的财政卫生支出效率进行了测算。Lavado 和 Cabanda（2009）对菲律宾各省的公共卫生支出的效率进行研究后发现，各个省份的公共卫生支出都是缺乏效率的。Asandului 等（2014）对欧洲 30 个国家的医疗保健体系的效率进行了测算，发现大部分国家的医疗保健体系是缺乏效率的。Popescu 等（2014）对罗马尼亚的医疗保健体系的效率进行分析后发现，其医疗体系是缺乏效率的，且低于欧洲平均水平。

2.5.2 国内人力资本投资效率研究

近年来，国内学者也逐渐开始关注人力资本投资效率问题，并取得了一定研究成果。

2.5.2.1 人力资本投资效率研究

国内一些学者对人力资本效率大多采用 DEA 方法进行测算。骆永民（2010）在对我国省际人力资本投资效率进行测算后发现其效率水平地区差异显著，且呈东、中、西部递减态势。阚大学（2012）的研究发现，我国人力资本投资效率在 1998~2009 年呈小幅增长趋势，且技术进步在人力资本投资效率增长中的贡献最大。白勇和马跃如（2013）采用 SFA 方法对 2004~2009 年的省级人力资本投资效率进行测算，结果表明，人力资本投资效率呈明显的下降趋势，且省际之间的效率差异较大。吕连菊和陈国柱（2014）研究发现，我国 2005~2010 年的人力资本投资效率平均增长率较低，且有较大的地区差异，其中，中部地区的投资效率最高，其次是东部地区和西部地区。封永刚和邓宗兵（2015）研究发现，2001~2012 年我国人力资本投资效率呈先大幅上升后小幅下降的趋势，且技术进步因素是投资效率增长的主要来源。李越恒和张彦忠（2016）的研究结果表明，健康资本投资产出的弹性高于教育资本投资，通过技能培训可以提高农村人力资本投资的技术效率，而制度变化不利于农村人力资本投资效率的提高。左马华青和宋旭光（2022）的研究表明，2004~2018 年相对人力资本投资效率呈小幅上升趋势，劳动力结构效应使相对人力资本投资效率降低，而资本品质、资本与技能劳动力匹配等效应使相对人力资本投资效率增加。

2.5.2.2 教育投资效率研究

国内学者也运用 DEA 方法对我国高等学校与教育的效率进行了测算。成刚和孙志军（2008）分析我国高校 1998~2005 年的效率状况后发现，我国高校平均技术效率较高且存在规模经济和范围经济。徐建和汪旭晖（2009）对我国 31 个省份的高等教育效率进行研究后发现，其中，24 个省份高等教育处于无效率状态，且分析了其中 10 个省份无效率的原因。韩海彬和李全生（2010）利用 Malmquist 指数对 1999~2006 年我国高等教育生产率的变动进行考察后发现，这一时期高等教育的全要素生产率均呈增长趋势，这得益于高等教育技术的进步。

毛盛勇和喻晓琛（2011）对我国高等教育效率进行分析后发现，省际技术效率差异不大，规模效率则差异显著。郭俞宏和薛海平（2011）对我国中东部地区的义务教育生产效率进行研究后发现，其生产效率并不理想，学校办学效率存在改进空间。杨斌和温涛（2009）通过对我国对农村教育资源配置效率进行研究后发现，“十五”期间效率呈下降趋势，且存在一定的地区差异。李玲等（2014）对我国30个省份2003~2010年的农村义务教育经费配置效率进行研究后发现，各省份的农村义务教育经费配置效率较高，且东部地区低于中西部地区。李玲和陶蕾（2015）对我国31个省份义务教育资源配置效率进行评价和比较后发现，义务教育阶段资源配置效率总体较高且处于上升趋势，同时还存在地区差异。陈霞和刘斌（2020）的研究结果表明，50%以上省份的高等教育投资效率未达到平均水平，且地区间呈现较大差异，东部的投资效率普遍高于西部地区，20个省份的投资效率呈现出整体上升趋势。

2.5.2.3　卫生投资效率研究

有些学者还对卫生投资效率进行了研究。张宁等（2006）的研究发现，平均健康生产效率在不断提高，且在地区之间存在显著差异。王俊（2007）对1997年和2003年的政府卫生支出生产效率进行测算后发现，卫生支出的生产效率与居民的健康需求不相关，而且健康状况越好的地区越有可能存在卫生资源的浪费和闲置，同时卫生支出的生产效率的地区差异显著。张晖和许琳（2009）对2001~2005年各地卫生投入的技术效率进行测量后发现，产出效率与政府的卫生支出呈反向关系。韩华为和苗艳青（2010）在对31个省份地方政府卫生支出效率测算后发现，31个省份的平均综合技术效率、规模技术效率和纯技术效率均是一个先下降后上升的变化过程，且中部地区的卫生支出效率最高。金荣学和宋弦（2012）采用新医改后的30个省份的数据进行测算后发现，我国公共医疗卫生支出的总体效率较高，大多数省份的规模报酬和全要素生产率呈现出上升趋势。刘自敏和张昕竹（2012）使用2002~2009年各省份卫生支出与产出数据对卫生投入的效率测算后发现，卫生投入的增加并未带来卫生效率的提升，我国公共卫生全要素生产率低下主要源自技术创新不够。赵临等（2015）对2008~2012年全国各省份医疗资源的配置效率进行研究后发现，其全要素生产率总体处于上升趋势。

2.6 研究述评

国内外学者对人力资本与收入分配进行了大量研究，获得了多方面的成果。综观这些研究后发现，已有的研究仍然存在以下不足之处。

第一，对人力资本的测算还未形成一套公认的测算指标体系。大部分学者认为人力资本投资主要由对教育、健康、培训、科研和劳动力流动的投资构成，而人力资本是由通过上述形式投资所形成的蕴藏于劳动者体内的一种能力。由于不同劳动者的自身先天条件、家庭环境等因素存在差异，造成了通过该途径所形成的单个劳动者劳动能力的提升存在不同，即对不同劳动者的相同投资会形成不同的人力资本水平。同时，在卫生保健投资方面，由于处于劳动人口的健康状况较好，对健康投资的需求相对较低，相比之下，老龄人口对健康投资的需求较高，其所占用的卫生资源要更高，而将全部健康投资作为人力资本投资则扩大了人力资本的测算范围，因而有必要按照各年龄段人口对健康资源的占有情况来对健康投资进行区分，使得人力资本投资的测算更为科学和准确。

第二，现有的成果主要侧重于教育对收入分配的研究，而对其他形式的人力资本要素对收入分配影响的研究偏少，事实上，健康、培训、科研、劳动力流动等因素会对居民收入产生重要影响。只采用人力资本中的单个因素不能准确反映人力资本在居民收入中的作用，反而会形成以偏概全的谬误。

第三，在人力资本投资的效率评价方面，还没有形成能普遍接受的评价指标体系。国内外学者主要按照各自的研究目的，选取不同的投入产出指标进行分析。虽然这些指标为分析人力资本投资效率发挥了一定的积极作用，但均存在一定的片面性。

第四，已有的研究成果过多关注人力资本存量或教育等因素对收入分配的影响，而人力资本的投资效率和分布结构对收入影响的研究存在不足。现有研究主要关注人力资本存量对收入差距的影响，实际上，人力资本的投资效率和分布状况也对收入分配产生影响，需要进行深入研究。现有的少量相关研究仅集中于研

究教育的分布状况对收入分配的影响，由于教育仅为人力资本的一个主要组成部分，因而教育的分布状况并不能准确代表人力资本的分布状况，从而造成研究结果存在一定偏差。同时，如今缺少人力资本投资效率对居民收入影响的研究，因而需要对其进行研究。

从已有的研究中可以看出，学者们分别从人力资本水平教育、健康和劳动力流动角度研究它们与收入差距之间的关系，由于所使用的数据和方法存在差异，导致研究结果存在某些差异，但学者们的研究结论基本认为人力资本水平、教育、健康会对收入差距产生影响。而与此同时，现有的对人力资本与收入之间关系的研究主要是教育、健康或人力资本总量与收入间的关系，而对人力资本的分布结构及人力资本投资效率对收入影响的研究很少。同时，人力资本分布结构和人力资本投资效率也是影响居民收入的重要因素，因而，为更好地研究人力资本与居民收入之间的关系，需要从更全面的角度考察它们之间存在的关系。

3　我国人力资本水平及其结构分析

为全面了解我国人力资本现状，需要对人力资本水平及其在不同地区之间的分布状况进行分析。

3.1　人力资本投资水平

要对我国人力资本投资水平进行测算，需要明确人力资本投资的范围及主要基础数据，从而可以较为精准地测算出人力资本投资水平。

3.1.1　人力资本投资范围及数据

由于人力资本投资是以“人”为对象所进行的各种投资活动，要对人力资本投资的范围进行准确界定，需要对人的生活消费支出和人力资本投资支出进行有效区分。国内外学者对人力资本投资范围的界定进行了广泛探讨。舒尔茨在其著作《论人力资本投资》中将人力资本投资的范围归结为五个方面：正规的初等、中等和高等教育支出；用于影响人的体力、耐力、精力和活动的卫生保健支出；各种在职培训支出；个人和家庭用于寻找就业机会的支出；各种成人教育计划。而在对人力资本投资的实际测算中，出于数据原因，不同学者所确定的人力资本范围存在一定差异，但主要集中于教育、卫生、科研、培训、迁移等方面。

通过对学者们所界定的人力资本投资范围及人力资本的定义进行探讨后发

现，确定一种投资活动是不是人力资本投资，主要看这种投资活动能否增加劳动者的人力资本存量或提高原有人力资本存量的利用效率。其中，教育支出可以赋予劳动者更高的生产能力和资源配置能力并直接推进了经济增长，属于人力资本投资；卫生保健支出通过提高劳动者的健康水平和保护劳动者的体力来提高劳动者的生产能力和配置能力，同时通过延长劳动者的工作年限的方式间接生产出人力资本，属于人力资本投资；培训支出通过直接增强劳动者的技能来达到增加劳动者的生产能力和配置能力，属于人力资本投资；迁移活动是对已有人力资本存量进行重新配置使其得到高效利用进而影响产出效率，它是对已有资本存量的配置性投入，属于人力资本投资范畴；科研支出由于其直接作用的对象主要为物，而人力资本投资的对象为劳动者，因此科研支出不应列入人力资本投资范畴。

基于上述分析，同时考虑到现有统计系统不存在与劳动力迁移支出相关的基础数据，因而本书最终将人力资本投资界定为教育支出、卫生保健支出、培训支出，即人力资本投资=教育支出+卫生保健支出+培训支出。

本书在已有研究和相关数据的基础上，将人力资本投资界定为包括教育、卫生保健、培训三方面的支出。其中，教育支出包括政府、社会组织和居民个人对教育的投入，数据主要源自《中国教育经费统计年鉴》（1996~2022）中的各省份国家财政性教育经费、城市和农村教育费附加支出、社会团体和公民个人办学经费、社会和农村捐（集）资办学经费、教育事业收入和其他收入与《中国统计年鉴》（1996~2022）中各省份城镇和农村居民用于教育支出的总和；卫生保健支出主要为政府和居民个人对卫生保健的支出，数据主要源于《中国统计年鉴》（1996~2022）中用于卫生的财政支出与城镇和农村居民用于卫生的支出之和；就培训支出而言，国家规定企业职工培训经费投入应为职工工资总额的1.5%①，而在此政策的实施过程中，不同企业采用不同的比例，一些企业按照职工工资总额的2.5%作为职工培训投入，而有些企业没有专门用于职工培训的支出，因而，本书为统一口径，按照各省份职工工资总额的1.5%作为培训人力资本投资额，数据主要源于《中国统计年鉴》（1996~2022）中各省份职工工资总额；历年城镇和农村人口则源于《中国农村统计年鉴》（1996~2022）和《中国

① 数据来源：http：//www.gov.cn/gongbao/content/2002/content_61755.htm。

统计年鉴》(1996~2022)。由于西藏自治区相关统计数据的缺失，本书没有统计西藏的相关数据。同时，《中国教育经费统计年鉴》最早仅能提供1995年的相关数据，因而本书采用1995年为测算的基期，此外，为消除价格变化对测算结果的影响，本书选取历年各省份CPI指数进行消长处理。

为比较分析人力资本投资的地区差异，本书根据地区划分原则，将全国划分为东、中、西三大地区，其中东部地区包括北京、天津、河北、辽宁、上海、江苏、浙江、福建、山东、广东、海南11个省份；中部地区包括山西、吉林、黑龙江、安徽、江西、河南、湖北、湖南8个省份；西部地区包括内蒙古、广西、重庆、四川、贵州、云南、陕西、甘肃、青海、宁夏、新疆11个省份。为保证统计口径的一致，下文中的地区划分与此处相同。

3.1.2 人力资本投资水平

在明确人力资本投资范围的基础上，利用统计数据最终估算出1995~2021年我国各省份人力资本投资水平和人均投资水平，具体结果见附表1和附表2。

3.1.2.1 总量分析

从附表1中历年东、中、西部地区人力资本投资总量看，东部地区投资总额最高，在全国人力资本投资总额中的比重也最高，历年比重均高达50%左右，其次是中部地区，最低的是西部地区。从各省份历年人力资本投资总量看，广东、浙江、江苏等省份排在前列，其中广东和江苏稳居前两位，青海、宁夏和海南始终排在最后三位。可以看出，人力资本投资总额较大的地区基本集中于区域经济相对较发达的地区，而中西部地区受经济发展水平所限，其人力资本投资总额相对较低。这表明，虽然人力资本投资额的大小与各地区人口规模有一定关系，但地区经济水平发展的高低无疑是影响其人力资本投资额的最重要因素。

从附表1中历年各地区人力资本投资的年均增长速度看，全国年均增长速度为11.3%，呈现出较高的增长速度，东部和西部地区增长速度均高于全国水平，而中部地区则低于全国的增速。另外从不同省份的人力资本投资增长速度看，增长最快的为北京、天津、浙江、重庆、贵州、陕西、青海、宁夏等省份，而黑龙江、吉林等中部省份的增长速度要远低于全国平均水平。总体而言，东部和西部多数省份的平均增长速度高于中部省份，其中的原因在于东部省份凭借其本身拥

有的较强经济实力有能力加大对人力资本的投资。同时，由于国家的西部开发战略的实施以及对西部地区投入的加大，造成中部地区人力资本投资增长速度要低于东部和西部地区。

3.1.2.2　人均水平分析

从附表2中历年人力资本投资的人均水平看，东部地区始终是高于全国平均投资水平，而中部和西部地区始终低于全国平均投资水平，且中部地区在2009年前是高于西部地区的，而2009年后，西部地区已经超越中部地区。从人均人力资本投资的增长速度看，西部地区的增速最快，全国平均水平高于东部和中部地区。从不同省份看，北京、上海和天津等经济发达省份的人均人力资本投资历年来均处于领先地位，且远远高于其他省份，其中北京历年的人均人力资本投资均为最高，从1995年的1068元增长到2021年的11531元，增长了10.8倍，年均增长速度为9.58%，而贵州历年的人均人力资本投资虽然处于较低水平，但也从1995年的161元增长到2021年的4630元，增长了13.8倍，年均增长速度全国最高，达到13.79%，且与北京人均人力资本投资之比从1995年的6.63缩小到2021年的2.5，说明各省份均极为重视在人力资本方面的投资，且人均人力资本投资的省际差距在逐年缩小。

3.1.3　人力资本投资的收敛

已有研究发现，我国经济增长呈现出收敛趋势，而作为我国经济增长重要源泉的人力资本投资是否也呈现出同样的变化趋势呢？本部分将对我国人力资本投资在不同地区之间的变化趋势进行分析。

3.1.3.1　收敛及其分类

收敛源于新古典经济增长理论，认为低收入国家或地区的经济增长速度较快，而高收入国家或地区的经济增长速度较慢，从而形成两者的经济水平呈现逐渐接近趋势，因而收敛指初始水平较低的国家或地区，其人均收入比初始水平较高的国家或地区有更快的增长，即不同的国家或地区相比之下，落后的国家或地区具有更高的经济增长率。在已有的收敛的分类中，主要有三种收敛类型。

（1）σ-收敛，指各国或地区的人均产出之间的差异逐步缩小。它可以较为直观地度量不同经济单位的发展差距，侧重于研究收入水平或产量水平之间的差距。在实际计算中，一般采用加权变异系数进行测算，其值等于绝对差距的标准差与平均值的商，它不受原变量水平高低的影响，可以反映不同变量的变异程度。而在实际计算中，由于各地区规模存在差异，为更准确反映地区差距，采用各地区的人口数为权数，采用加权公式计算变异系数。其具体计算公式如下：

$$V_w = \frac{1}{\bar{y}} \times \sqrt{\frac{\sum_{i=1}^{n}(y_i - \bar{y})^2 P_i}{P}} \tag{3-1}$$

式中，V_w 为加权变异系数，P_i 为第 i 个地区的人口数，P 为各地区的人口总数，y_i 为第 i 个地区经济变量的人均值，$\bar{y}$ 为各地区的经济变量的人均值，n 为样本数。

（2）β-收敛，依照古典经济理论，β-收敛指具有相同的经济特征的国家或地区之间，人均资本较低的国家或地区要比人均资本较高的国家或地区拥有较高的经济增长率。也就是说，在具有相同基本经济特征的国家或地区间，经济增长率与经济发展水平呈负相关，且随着时间的推移，所有国家或地区将收敛于相同的人均水平。在实际计算中，其具体形式如下：

$$\frac{1}{T}[\ln(y_{i,t+T}) - \ln(y_{i,t})] = \alpha - \frac{1-e^{-\beta T}}{T} \cdot \ln(y_{i,t}) + \varepsilon_{i,t} \tag{3-2}$$

式中，i 表示地区，$t+T$ 和 t 分别表示期初与期末，T 为观察期长度，$y_{i,t+T}$ 和 $y_{i,t}$ 则表示地区 i 在 $t+T$ 和 t 期的经济变量的人均值，β 则为收敛速度或收敛率。若得到$\beta<0$，则区域之间出现β-收敛，即地区之间的人均经济变量的差异将逐渐缩小，反之则呈现出发散。为充分利用数据，本书在实际计算中，令 $T=1$。

（3）俱乐部收敛，指一些经济体之间存在类似的特征（如人力资本水平、市场化程度及人口增长率等方面），且初始条件也类似，那这些经济体的人均收入在长期内存在收敛趋势，即落后国家或地区集团与发达国家或地区集团的内部存在条件收敛，而不同发展水平集团之间却不存在收敛。在实际计算中，其常用的检验方程如下：

$$\gamma_i = \beta_0 + \beta_1 area + \beta_2 y_{i,0} + \varepsilon_i \tag{3-3}$$

式中，γ_i 为第 i 地区的人均收入增加率，$y_{i,0}$ 为第 i 地区人均收入对数值，$area$ 为地区虚拟变量，进行检验的地区其值为 1，其他地区值为 0，ε_i 为随机误

差项。当 $\beta_2<0$ 且显著，同时地区虚拟变量也显著，则存在俱乐部收敛。

3.1.3.2 人力资本投资收敛性分析

参照收敛的概念，本书对我国人力资本投资进行收敛性检验，其中主要数据源自前文所计算出的以 1995 年为基期的历年各省份人均人力资本投资，各省份人口数源自《中国统计年鉴》。

（1）σ-收敛分析。依照加权变异系数定义，利用历年各省份人力资本投资与人口数据，本书计算出全国及三大地区人均人力资本投资的加权变异系数，揭示了 1995~2021 年我国各区域间的人均人力资本投资相对差异的变化趋势，结果如表 3-1 所示。

表 3-1 1995~2021 年全国及三大地区人均人力资本投资的加权变异系数

年份	全国	东部	中部	西部	三大地区
1995	0.4256	0.3932	0.2234	0.2495	0.2427
1996	0.4102	0.3781	0.2047	0.2429	0.2390
1997	0.4553	0.4189	0.1910	0.2302	0.2682
1998	0.4778	0.4516	0.2055	0.2293	0.2686
1999	0.4997	0.4713	0.2327	0.2315	0.2761
2000	0.4803	0.4326	0.2375	0.1899	0.2824
2001	0.5132	0.4973	0.2543	0.2290	0.2651
2002	0.5334	0.4977	0.2701	0.2412	0.2869
2003	0.5421	0.4982	0.2550	0.2483	0.2982
2004	0.5711	0.5337	0.2530	0.2436	0.3041
2005	0.5232	0.4666	0.2131	0.2688	0.3024
2006	0.4930	0.4385	0.1793	0.2359	0.2936
2007	0.4598	0.4285	0.1702	0.2208	0.2623
2008	0.4321	0.4154	0.1730	0.2218	0.2368
2009	0.3955	0.3919	0.1798	0.2146	0.2072
2010	0.3868	0.3809	0.1557	0.2092	0.2073
2011	0.3386	0.3471	0.1199	0.1904	0.1763
2012	0.3569	0.3649	0.1335	0.2046	0.1825

续表

年份	全国	东部	中部	西部	三大地区
2013	0.3497	0.3522	0.1234	0.2007	0.1803
2014	0.3271	0.3784	0.1108	0.1911	0.1753
2015	0.3260	0.3826	0.1056	0.1824	0.1702
2016	0.3057	0.3550	0.1264	0.1653	0.1656
2017	0.3003	0.3534	0.1348	0.1567	0.1576
2018	0.2992	0.3534	0.1174	0.1444	0.1485
2019	0.3013	0.3505	0.1044	0.1400	0.1378
2020	0.2697	0.3240	0.1217	0.1414	0.1322
2021	0.2559	0.2990	0.1174	0.1317	0.1287

注：数据不包括西藏自治区。

从表 3-1 中的人均人力资本投资加权变异系数可以看出，不同区域的加权变异系数的大小虽然有差异，但基本变动趋势相同，都呈现出先扩大后缩小的倒 U 型变化趋势，且在整个考察期内，所有区域的加权变异系数均出现了下降趋势，说明不同区域的人均人力资本投资均存在收敛。就全国而言，1995~2004 年的加权变异系数呈现逐年上升趋势，从 1995 年的 0.4256 上升为 2004 年的 0.5711，表明该时期内全国各省份的人均人力资本投资的地区差异在扩大，不存在收敛；2004 年后的变异系数开始下降，从 0.5711 下降为 2021 年的 0.2559，表明该时期内全国各省份间的人均人力资本投资存在收敛。从东、中、西部地区的人均人力资本投资的加权变异系数看，东部地区的变异系数显著高于中、西部地区，且三大地区的变化趋势均呈现出先上升后下降的倒 U 型态势。其中，东部地区在 2004 年达到最大值，为 0.5337，而中、西部地区分别在 2002 年和 2005 年达到最高值，为 0.2701 和 0.2688，且三大地区的加权变异系数值均低于全国的系数值，表明东部地区的人均人力资本投资差异对全国人均人力资本投资差异的影响程度要高于中部和西部地区。

（2）β-收敛分析。通过 β-收敛定义，采用 1995~2021 年全国各省份人均人力资本数据进行 β-收敛检验，以检验经济欠发达区域的人均人力资本投资增速是否快于经济发达省份的人均人力资本投资增速，具体检验结果如表 3-2 所示。

表 3-2 β-收敛检验结果（因变量为：$\ln y_{i,t+1}-\ln y_{i,t}$）

$\ln y_{i,t}$	-0.1748^{***} [-6.1697] (0.0283)
C	1.3137^{***} [6.7907] (0.1934)
R^2	0.4850
F	9.4385
D-W	2.2379
N	568

注：[ ] 内数字表示系数 T 检验值，( ) 内数字表示系数标准差，*** 表示回归系数在 1%水平下显著，N 表示面板数据观测的样本数。

从表 3-2 中的检验结果可以看出，1995~2021 年，收敛回归系数为-0.1748，表明我国各省份间的人均人力资本投资呈现出绝对收敛，说明各省份间的人均人力资本投资增速呈现出经济欠发达地区高于发达地区，各省份间的差距呈现出绝对缩小的态势，即各省份人力资本投资出现β-收敛。

（3）俱乐部收敛分析。从σ-收敛和β-收敛分析结果可以看出，我国不同省份间的人均人力资本投资和人均人力资本投资的增长速度均存在收敛现象，而在东、中、西部地区内是否也存在收敛呢？即需要分析在东、中、西三个地区内部是否存在俱乐部收敛。具体检验结果如表 3-3 所示。

表 3-3 俱乐部收敛检验结果（因变量为：$\ln y_{i,t+1}-\ln y_{i,t}$）

变量	东部	中部	西部
$\ln y_{i,t}$	-0.1499^{***} [-3.6720] (0.0408)	-0.1070^{*} [-1.8556] (0.0576)	-0.3387^{***} [-6.2838] (0.0539)
C	1.1901^{***} [4.0603] (0.2931)	0.8282^{**} [2.1642] (0.3827)	2.3632^{***} [6.6450] (0.3556)
R^2	0.5817	0.6744	0.5054
F	8.1892	9.5798	6.0179
D-W	1.8895	1.9620	2.5166

续表

变量	东部	中部	西部
N	209	152	207

注：[ ] 内数字表示系数 T 检验值，( ) 内数字表示系数标准差，***、**、* 分别表示回归系数在 1%、5%和 10%的水平下显著，N 表示面板数据观测的样本数。

从表 3-3 中可以看出，对东部地区而言，在考察期内，回归系数在 1%显著性水平下为负，说明东部地区间的人均人力资本投资的差异在缩小，表现出收敛的趋势。对中部地区而言，其回归系数在 10%显著性水平下为负，说明在整个时期内中部地区的人均人力资本投资是呈收敛的。而从西部地区看，其回归系数在 1%显著性水平下为负，说明西部地区的人均人力资本投资也呈现出收敛的趋势。至此可以看出，1995~2021 年各省份人均人力资本投资出现了较为显著的“俱乐部收敛”现象，即三大地区内部出现较为明显的收敛现象。

3.2 我国人力资本存量水平

要对我国人力资本存量进行测算，应在对已有的各种人力资本存量测算方法进行分析和比较的基础上确定测算方法，进而测算出我国各省份的人力资本存量。

3.2.1 人力资本存量估算方法

在对我国人力资本存量水平进行测算时，需要考虑各种方法的局限及相关数据的获取难度。同时，劳动者收入受到自身能力、制度等因素影响，导致收入法难以真实衡量人力资本存量水平，而仅采用教育指标的测算方法代表人力资本的某个方面。因而为全面考察我国人力资本存量，本书将从成本角度对我国人力资本存量水平进行估算。

本书采用永续盘存法计算我国人力资本存量，这种方法原本主要用于测算物质资本存量，已经有学者将这种方法进行改进后用于人力资本存量的测算，如 Kendrick（1976）、侯风云（2007）、钱雪亚（2011）等。

依据永续盘存法，某年的人力资本存量等于扣除折旧后的上一年人力资本存量与当年人力资本投资之和。具体计算公式如下：

$$H_t=(1-\delta)H_{t-1}+I_t \tag{3-4}$$

式中，H_t 和 H_{t-1} 分别是第 t 与第 $t-1$ 年的人力资本存量，I_t 为第 t 年的人力资本投资量，δ 为人力资本折旧率。同时由于用上式计算出的仅仅为某一种人力资本存量，因此，总的人力资本存量应为教育、卫生、培训人力资本之和，具体计算公式如下：

$$H_t=\sum_{i=1}^{3}H_{it}=\sum_{i=1}^{3}[(1-\delta_i)H_{i(t-1)}+I_{it}] \tag{3-5}$$

式中，H_{it} 表示在第 t 年第 i 种人力资本存量，I_{it} 表示第 t 年第 i 种人力资本投资量，δ_i 表示第 i 种人力资本的折旧率，其中 $i=1$，2，3，分别为教育、卫生和培训。

3.2.2 人力资本存量估算中间指标

对永续盘存法进行分析后发现，在运用这种方法对人力资本存量估算时，关键的指标有基期人力资本存量、折旧率、各项人力资本投资价格指数和各项人力资本投资指标。

3.2.2.1 基期人力资本存量

不同学者对基期人力资本存量的计算方法也各有不同，如侯风云（2007）采用 1952～1978 年各年文教卫生事业费的总和作为 1978 年的存量。谭永生（2007）利用当年教育经费、在职培训、卫生保健和迁移投入之和作为基期人力资本存量。钱雪亚（2011）将以往人力资本投资的总和假定为基期人力资本存量，将投资时间序列近似表示为 $I(t)=I'e^{\lambda t}$，其中，I' 为初期的人力资本投资，在利用投资数据对上式进行回归模拟的基础上得出 I' 和 λ，进而得出基期的人力资本存量为 $K(0)=\int_{-\infty}^{0}I(t)dt=I'\frac{e^{\lambda}}{\lambda}$。焦斌龙（2011）借用张军和章元（2003）的物质资本存量基年的计算方法并加以改造，通过假定第 $t+1$ 年和第 $t+2$ 年的人力资本收入比相同，即这两年人力资本对 GDP 的贡献比没变化，且这两年的人力资本投资额已知，从而可以计算出第 t 年的人力资本存量。本书在对上述方法进行充分比较的基础上，采用张军、章元与焦斌龙的计算方法计算基期人力资本存量。假定 1995 年某种人力资本存量为 H，1996 年和 1997 年该种人力资本投资量分别为 I_A 和 I_B，而当年 GDP 总额分别为 G_A 和 G_B，同时由于假定 1996 年和 1997 年的该种人力资本对 GDP 的贡献份额不变，因而有：

$$\frac{H+I_A}{G_A}=\frac{H+I_A+I_B}{G_B} \tag{3-6}$$

对式（3-6）求解可得：

$$H=\frac{G_A\times I_A+G_A\times I_B-G_B\times I_A}{G_B-G_A} \tag{3-7}$$

即可得到 1995 年该种人力资本存量。此外，考虑到各省份各种人力资本投资数据的可得性、连续性以及统计口径的一致性，本书取 1995 年作为研究基年。

3.2.2.2　折旧率

随着科学技术的飞速发展，知识和技能同物质资本一样会出现更新换代，因此，人力资本同样需要进行折旧。由于不同学者的研究方法存在差异，因而采用的折旧率都存在一定差异。侯风云(2007)将人一生中的 1～44 岁作为人力资本提升期，45～65 岁为折旧期，则每年的折旧量=人力资本形成年数/人力资本折旧年数=44/21=2.095，而人力资本折旧率则为每年折旧量与折旧年数之比，即 2.095/21=9.98%。钱雪亚(2011)则假定资本品的寿命终期的残值率为 S，寿命为 T，则由 $S=(1-\delta)^T$ 可得 $\delta=1-\sqrt[T]{S}$，用 65 岁以上人口比重作为人力资本残值率，人力资本寿命取 42 年，从而算出人力资本折旧率和专业人力资本折旧率分别为 3.66%和 7.19%，加权后的平均人力资本折旧率为 5.14%。焦斌龙(2011)对教育、卫生和培训人力资本分别进行折旧，其中教育和培训人力资本采用折旧率=1/(60-人类资本投入使用的平均时间)，卫生和培训人力资本折旧率=1/(60-我国居民平均年龄)。本书将分别对教育、卫生和培训人力资本进行折旧。对教育人力资本而言，本书假定劳动者在接受完正式教育之后，所获得的知识和技能就开始折旧，并在劳动者 60 岁退休时人力资本折旧完成。由于劳动者的受教育年限在考察期内是不断上升的，因此，本书通过计算全国历年劳动者平均受教育年限，同时假定儿童开始接受教育的平均年龄为 8 岁，则最终所得每年的折旧率=1/[60-(8+劳动者平均受教育年限)]。而相对于教育人力资本，卫生人力资本是伴随人的一生的，因此，为避免计算的困难，本书将采用“60-我国居民考察期内的平均年龄”作为卫生人力资本的平均寿命，而按照我国历次人口普查资料显示，我国居民历年的平均年龄出现小幅增长，本书取其平均值为 30 岁，因而，我国卫生人力资本折旧率=1/（60-我国居民历年平均年龄）= 3.33%。而对于培训人力资本在形成后，直到职业生涯结束才完成折旧，因此其折旧率等同于卫生人力资本的折旧率。

3.2.2.3　各项人力资本投资价格指数

在对人力资本存量进行测算时，需要剔除价格变动对各项人力资本投资的影响。在消除价格因素影响的处理时，不同学者采用不同的方法，沈利生、朱运法（1999）采用居民消费价格指数。钱雪亚（2011）通过将教育事业费分解，构建出包含常规性支出和专门支出的人力资本价格指数。焦斌龙（2011）采用 GDP 平减指数近似代替人力资本投资价格指数。由于人力资本投资具有独特性，其中一部分投资与消费品直接相关，而另一部分不是消费品，实际测算中难以将这些不同部分进行准确的区分。因此，本书选取消费品价格指数和固定资产价格指数的几何平均数作为人力资本投资价格指数。

3.2.2.4　各项人力资本投资指标

本书中所采用的教育人力资本投资将采用考察期内各省份投入的教育总经费表示各年的教育人力资本投资额，数据主要源于历年《中国教育经费统计年鉴》中国家财政教育经费、社会团体和公民个人办学经费、社会捐资与集资办学经费、事业收入和其他教育经费与《中国统计年鉴》各省份城镇和农村居民对教育的投入之和；卫生保健人力资本投资采用考察期内各省份的卫生保健投资额，数据主要源于历年《中国统计年鉴》中各省份财政对卫生保健的投入与城镇和农村居民在卫生保健方面的投入之和，而各省份城镇和乡村人口数分别从历年《中国统计年鉴》和《中国农村统计年鉴》中获得；培训人力资本投资则按照国家对企业职工教育经费投入应为职工工资总额 1.5%的规定，利用各省份职工工资总额的 1.5%作为培训人力资本投资额，数据主要源于《中国统计年鉴》中各省份职工工资总额。

3.2.3　人力资本存量水平

通过中间数据，采用永续盘存法进行计算，本书估算出我国各省份的人力资本存量和人均人力资本存量，具体估算结果见附表 3 和附表 4。

3.2.3.1 总量分析

从附表 3 中的各省份人力资本存量看，我国人力资本存量在 1995~2021 年实现了飞速增长。从历年全国人力资本存量总水平看，1995 年我国人力资本存量仅为 25039 亿元，2021 年我国人力资本存量已增长为 593734 亿元，为 1995 年的 23.8 倍，年均增速达到 13%，超过同期 GDP 年均增速。而从我国不同地区人力资本存量看，东部地区人力资本存量实现了快速增长，在扣除物价上涨因素后，已经从 1995 年的 12680 亿元上涨为 2021 年的 285753 亿元，且其增速稍高于全国增速；中部和西部地区人力资本存量虽然也出现快速增长，但与东部地区依然存在较大差距，且两大地区的增长速度均低于全国平均增长速度。再从历年各省份的人力资本存量看，广东、浙江、江苏等发达省份的人力资本存量要高于其余省份，而就增长速度看，天津、浙江、江西、贵州等省份的速度要高于其余省份。

3.2.3.2 人均水平分析

从附表 4 中的各省份人均人力资本存量看，东部地区要高于全国，全国又高于中部和西部地区，而西部地区则在大多数年份中要高于中部地区；就年均增长速度而言，中部地区最快，其次是西部地区，然后是全国，最低的是东部地区。就各省份而言，人均人力资本存量最高的是北京、上海和天津等东部省份，最低的是甘肃、贵州等西部省份；就年均增长速度而言，江西、贵州、甘肃等中西部省份的增长速度均要高于东部各省份。从各省份人均人力资本存量差距看，各省份人均人力资本存量的极差率已经从 1995 年的 8.72 下降为 2021 年的 5.01，说明各省份的人均人力资本存量之间的差距呈逐年缩小的趋势。

3.3 人力资本结构

人力资本结构包括投资结构和分布结构，投资结构指各种形式的人力资本投资在人力资本总投资中的比重；分布结构指人力资本在不同区域的分布状况。因而，在考察人力资本结构时分别考察人力资本的投资结构和分布结构。

3.3.1 人力资本投资结构

3.3.1.1 人力资本投资的构成

从我国人力资本的投资构成看，在考察期内，教育投资的比重是下降的，从1995年的74.0%下降到2021年的63.6%，卫生投资的比重则出现上升，从23.3%上升到34.4%，培训投资出现少量下降，从2.8%下降到2.0%，说明教育和卫生投资在总投资中的比重占据绝对主导地位，两者比重之和基本维持在98%左右（见表3-4）。

表3-4 1995~2021年我国人力资本投资构成 单位：%

年份	教育比重	卫生比重	培训比重	年份	教育比重	卫生比重	培训比重
1995	74.0	23.3	2.8	2009	63.8	34.4	1.8
1996	74.5	23.0	2.5	2010	64.6	33.6	1.9
1997	72.6	25.1	2.3	2011	66.9	31.3	1.8
1998	72.4	25.4	2.1	2012	64.5	33.5	2.0
1999	72.7	25.3	2.0	2013	64.1	33.6	2.3
2000	69.6	28.6	1.7	2014	63.9	33.9	2.2
2001	71.8	26.4	1.8	2015	63.8	33.9	2.3
2002	70.9	27.3	1.8	2016	64.1	33.8	2.1
2003	70.4	27.9	1.7	2017	64.0	34.1	1.9
2004	70.8	27.5	1.8	2018	63.9	34.1	2.0
2005	67.2	31.2	1.6	2019	63.8	34.1	2.1
2006	67.7	30.6	1.7	2020	63.7	34.2	2.1
2007	67.1	31.2	1.7	2021	63.6	34.4	2.0
2008	65.8	32.4	1.8				

数据来源：《中国统计年鉴》（1996~2022）、《中国农村统计年鉴》（1996~2022）和《中国教育经费统计年鉴》（1996~2022）。

3.3.1.2 个人投资在人力资本投资中的比重

由表3-5可知，全国、东、中、西部地区居民个人对人力资本的投资在人力资本总投资中的比重均呈现出先上升后下降的趋势。1995年后比重均开始上升，2000年均达到最高点后开始下降，2021年，全国及三大地区的下降幅度略有不同，西部地区下降了 11.7%，东部地区仅下降了 4.5%。从全国及三大地区的横向比较看，历年中部地区居民个人投入在人力资本总投资中的比重均为最高，最低的为西部地区。

表 3-5　1995~2021 年全国及三大地区居民个人对人力资本的投资在总投资中的比重

单位：%

年份	全国	东部	中部	西部	年份	全国	东部	中部	西部
1995	39.8	37.0	43.3	41.3	2009	38.3	40.0	40.3	32.4
1996	43.3	40.4	47.1	44.9	2010	35.7	37.3	37.8	29.8
1997	43.8	41.5	47.2	44.9	2011	38.6	38.8	41.4	34.9
1998	45.7	42.8	49.6	47.1	2012	33.4	34.1	36.1	29.0
1999	46.5	43.8	50.1	48.3	2013	32.8	33.0	35.7	29.3
2000	52.4	51.2	54.4	52.5	2014	33.0	33.2	36.1	29.8
2001	47.3	45.5	51.3	46.5	2015	32.9	33.1	35.7	30.2
2002	46.7	45.7	50.0	45.3	2016	32.7	32.9	36.2	29.9
2003	46.1	44.7	49.5	45.4	2017	33.1	32.8	35.9	29.8
2004	44.6	43.1	48.3	43.8	2018	33.2	32.6	35.7	30.1
2005	50.1	49.3	51.3	50.7	2019	32.8	32.5	35.4	29.7
2006	47.5	47.4	49.7	45.1	2020	32.5	32.4	34.7	29.8
2007	43.5	43.9	45.8	39.8	2021	32.3	32.5	34.7	29.6
2008	40.2	41.0	42.9	35.2					

数据来源：同表 3-4。

居民个人对教育的投资在教育总投资中的比重如表 3-6 所示，全国及三大地区的比重均呈下降趋势，2021 年降为 20%左右，其中，西部地区下降到 17%，中部和全国的降幅分别为 14%和 10%，均高于东部地区 8%的降幅，说明国家加大了对人力资本的投资力度，且这些投入偏向于中西部地区。从居民个人对卫生的投资在卫生总投资中的比重看，全国及三大地区的比重呈下降趋势，其中西部地区（15.3%）和中部地区（15.9%）的下降幅度要高于东部地区（6.9%）的降幅。虽然居民卫生投资在卫生总投资中的比重均出现下降，但 2021 年比重约为 60%，与居民个人在教育总投资相比，居民对卫生投资在卫生总投资中的比重处于较高水平。

表 3-6 1995~2021 年全国及三大地区个人对教育和卫生的投资在教育和卫生总投资中的比重

单位：%

个人对教育的投资在教育总投资中比重					个人对卫生的投资在卫生总投资中比重				
年份	全国	东部	中部	西部	年份	全国	东部	中部	西部
1995	31.7	28.9	35.2	33.1	1995	70.4	68.6	75.0	68.4
1996	33.8	31.0	37.8	34.8	1996	78.7	76.6	82.4	78.4
1997	34.6	32.1	38.2	35.5	1997	74.8	73.1	79.0	73.3
1998	36.4	33.5	40.7	37.6	1998	75.8	73.8	80.2	74.7
1999	37.4	34.1	41.5	39.6	1999	76.6	75.4	80.2	75.1
2000	41.5	39.8	44.2	42.3	2000	82.0	81.9	84.2	79.5
2001	36.8	34.7	41.3	36.5	2001	78.9	78.5	82.4	75.5
2002	35.1	33.8	37.9	34.9	2002	80.0	80.0	83.6	75.6
2003	34.3	32.8	37.5	34.5	2003	78.6	78.3	82.0	75.2
2004	32.3	30.8	36.0	31.9	2004	78.9	78.6	82.0	75.8
2005	36.5	35.9	36.8	37.8	2005	82.0	82.2	84.6	78.6
2006	34.2	34.5	35.6	31.8	2006	79.5	80.0	81.6	75.6
2007	30.3	31.0	32.2	26.1	2007	74.5	76.0	75.6	69.4
2008	26.2	27.7	27.7	21.0	2008	70.9	72.5	72.7	64.8
2009	24.8	26.8	26.2	18.6	2009	65.5	69.2	64.9	58.7
2010	22.6	24.7	23.6	16.4	2010	63.0	66.7	63.1	55.5
2011	21.4	23.1	22.6	16.6	2011	60.3	64.1	60.2	53.1
2012	20.4	22.0	21.4	15.8	2012	60.5	63.2	61.7	53.9
2013	20.7	22.0	22.0	16.5	2013	59.8	62.8	60.3	53.9
2014	21.0	21.9	21.8	16.4	2014	59.9	62.7	60.7	54.1
2015	21.9	21.6	21.7	16.3	2015	60.1	62.5	06.5	54.3
2016	22.0	21.5	21.6	16.5	2016	59.8	62.6	60.2	53.9
2017	22.2	21.2	21.4	16.3	2017	59.7	62.4	60.1	53.7
2018	21.9	21.1	21.3	16.1	2018	59.9	62.2	59.8	53.8
2019	22.4	21.1	21.4	16	2019	60.1	62.1	59.6	53.5
2020	21.9	20.8	21.5	15.9	2020	59.8	61.9	59.7	53.3
2021	21.7	20.9	21.2	16.1	2021	59.8	61.7	59.7	53.4

数据来源：同表 3-4。

3.3.2 人力资本分布结构

人力资本分布结构主要指人力资本在不同地区间的分布状况，说明了人力资本分布的不均等状况，人力资本分布结构主要通过人力资本基尼系数衡量。由于我国教育投资在人力资本总投资中的比重高达 60%以上，为更好地了解我国人力资本分布状况，本书通过教育基尼系数考察估算我国教育人力资本在各省份居民和行业中的分布状况。

基尼系数原本是一个用于衡量收入差距的指标，最早由意大利经济学家基尼（Gini）于 1922 年提出，基尼系数在提出后迅速得到学者们的广泛认可并将其应用于更多领域。近年来，也有很多学者将其运用于人力资本领域研究人力资本分布状况。

对人力资本分布状况进行精确估计的最好方法是监测到我国居民每个人的人力资本存量，并对其排序，从而准确描绘出相应的人力资本洛伦兹曲线，进而可以准确计算出人力资本基尼系数。但由于现有的人力资本方面的统计数据难以支持如此精确的计算，因此，本书采用历年各省份人力资本投资的相关数据对我国的人力资本基尼系数进行测算。

本书对人力资本基尼系数的测算方法将采用洪兴建（2008）所提出的离散型数据基尼系数的测算方法。其具体公式为：

$$G = \frac{2}{\mu}\left\{\text{cov}\left[x_i,\ \left(\sum_{j=1}^{i} p_j - \frac{p_i}{2}\right)\right]\right\} \tag{3-8}$$

式中，G 表示人力资本基尼系数，μ 表示全体居民的人均人力资本投入，x_i 则表示第 i 组的人均人力资本投入，p_j 表示第 j 组的人口在总人口中的比重。

本书对人力资本基尼系数的测算步骤如下：将历年各省份按照人均人力资本投资支出从低到高排列，并随附各省份的相应的人口份额，这实际上是将全国人口按人力资本投资支出分成了若干组，同时获得了各组人口的人均人力资本投资和对应的人口比例，从而可以依照分组数据描绘出我国居民人力资本投资的洛伦兹曲线并计算出人力资本基尼系数。同理，可以计算出东、中、西部地区的人力资本基尼系数。

可以看出，要计算出历年全国及三大地区的人力资本基尼系数，需要历年各

省份的人均人力资本投资以及各省份人口在全国及三大地区中的比重，而相应数据均可以从历年《中国统计年鉴》中获取，因此，本书利用式（3-8）最终测算出历年全国及东、中、西三大地区的人力资本基尼系数，具体结果如表 3-7 所示。

表 3-7　1995~2021 年全国及三大地区人力资本基尼系数

年份	全国	东部	中部	西部
1995	0. 2671	0. 2585	0. 1233	0. 1628
1996	0. 2684	0. 2571	0. 1270	0. 1537
1997	0. 2840	0. 3049	0. 1069	0. 1321
1998	0. 2964	0. 3306	0. 1210	0. 1386
1999	0. 3049	0. 3483	0. 1322	0. 1360
2000	0. 2958	0. 3416	0. 1508	0. 1034
2001	0. 3020	0. 3729	0. 1393	0. 1268
2002	0. 3132	0. 3709	0. 1527	0. 1326
2003	0. 3168	0. 3746	0. 1524	0. 1283
2004	0. 3289	0. 3948	0. 1407	0. 1306
2005	0. 3039	0. 3820	0. 1218	0. 1422
2006	0. 2826	0. 3443	0. 1065	0. 1134
2007	0. 2618	0. 3123	0. 1011	0. 1260
2008	0. 2453	0. 2984	0. 1102	0. 1152
2009	0. 2247	0. 2659	0. 1060	0. 1132
2010	0. 2113	0. 2562	0. 0930	0. 1013
2011	0. 1845	0. 2404	0. 0676	0. 0953
2012	0. 1947	0. 2506	0. 0781	0. 1042
2013	0. 1904	0. 2501	0. 0754	0. 1008
2014	0. 1943	0. 2531	0. 0785	0. 1257
2015	0. 1951	0. 2545	0. 0791	0. 1316
2016	0. 2012	0. 2562	0. 0813	0. 1335
2017	0. 2042	0. 2507	0. 0822	0. 1375
2018	0. 2082	0. 2537	0. 0857	0. 1392
2019	0. 2141	0. 2548	0. 0865	0. 1363

续表

年份	全国	东部	中部	西部
2020	0.2152	0.2607	0.0877	0.1382
2021	0.2246	0.2619	0.0912	0.1391

数据来源：同表 3-4。

从表 3-7 中可以看出：全国及三大地区的人力资本基尼系数均呈现出先上升后下降的倒 U 型变化趋势，从历年不同地区间的基尼系数看，东部地区的基尼系数始终最高，其次是全国，再次是西部地区，最低的为中部地区，说明就人均人力资本投资而言，中部各省份间的差异最小，而东部各省份间的差异最大。

3.4 本章小结

一是根据确定的人力资本投资范围，采用历年统计年鉴中教育、卫生保健和培训支出数据测算出各省份人力资本投资水平，并测算出各省份的人均人力资本投资，同时发现我国的人力资本存在收敛现象，即我国省份间的人力资本投资的差距在逐渐缩小。

二是采用永续盘存法对我国人力资本投资存量水平进行测算，测算结果表明，人力资本存量水平存在阶梯形分布状况，即东部高、中部和西部较低。

三是对人力资本的投资结构和分布结构进行测算，其中，人力资本投资结构测算结果表明，人力资本投资中占比最高的是教育投资，同时在人力资本投资中个人投资部分的比重出现了下降，且个人投资在教育投资中的比重要低于其在卫生投资中的比重。而采用人力资本基尼系数测算的人力资本分布结构测算结果表明，东部地区的人力资本分布不均等程度要高于全国，全国要高于西部地区，最低的为中部地区。

4 我国人力资本投资效率分析

我国对人力资本的投资逐年加大，而这些投资的效率如何呢？本章在构建人力资本投资效率评价指标体系的基础上，运用DEA效率评价方法对我国历年各省份的人力资本投资效率的情况进行分析。

4.1 人力资本投资效率评价指标体系构建

构建科学有效的指标体系是分析人力资本投资效率的基础，是人力资本投资效率评价取得良好效果的重要保证。因此，需要以指标体系构建原则为指导，建立一套科学且全面的人力资本投资效率评价指标体系。

4.1.1 人力资本投资效率评价指标体系构建原则

人力资本投资效率的评价是一个复杂的过程。因此，要构建一套具有结构合理、逻辑严密和系统全面的人力资本投资效率分析指标体系，必须遵循一定的基本原则。

4.1.1.1 目的性原则

目的性原则是衡量一个指标体系是否合理有效的重要标准，也是构建评价指标体系的出发点。人力资本投资效率评价指标体系应能够对人力资本投资活动进行客观描述，并根据人力资本投资效率分析的最终结果找出人力资本投资活动中存在的瓶颈，通过将其改善以最终实现人力资本投资效益最大化。因此，指标体系的构建必须围绕效率分析的总体目的，选取与总体目的紧密相关的指标，剔除与目的无关或关系不明确的指标。

4.1.1.2　科学性原则

科学性原则是指标体系建立的重要原则，包括指标内涵的正确性、指标体系的完整性、分析过程的逻辑严密性、分析方法的科学性等方面。科学性原则要求所选的指标能体现人力资本投资效率的实质内涵，并能从不同角度反映人力资本投资效率的真实情况，这样才能保证效率的分析结果具有科学性和客观性。因此，选取的指标能够反映人力资本投资活动的特征，同时指标的口径、含义、计算方法等要有明确和独立的界定，不能出现不同的解释，这些都是分析结果准确性的保证。

4.1.1.3　可操作性原则

在构建指标体系时，还应考虑到可操作性原则，如果构建的指标体系最终不能运用于实际操作，则这样的指标体系没有任何意义。因此，在设计指标体系时，选取的指标要简明扼要、意义明确，尽量做到具有操作性。具体而言：一是选取的指标要容易量化，从而便于选择统计方法或数学模型对其进行量化分析；二是指标来源要可获取，便于从公开资料（如统计年鉴、统计公报、统计报表等）中获得相关数据；三是选取的指标要力求做到定义明确、方法简捷、表达形式简便易懂、数量繁简适当等特点，从而便于实际运用与推广。

4.1.1.4　系统性原则

人力资本投资活动本身是一个复杂的系统，包括投入和产出中的各种复杂的过程。系统性原则要求将人力资本投资活动看成一个开放的系统，但其中各个过程不是相互孤立的，而是相互间有信息、物质等方面的交换。因此，为了系统反映人力资本投资活动的内在本质、内部结构特征等方面内容，一方面，要求评价指标体系能多方位、多角度地反映人力资本投资活动的整个系统，而不仅限于反映其中的某个环节；另一方面，由于系统间存在一定的层级性和关联性，在设计指标体系时要从最高层次出发，逐层设计，并反映各层和各类指标之间的相互关联性。

4.1.2　人力资本投资效率评价指标体系构建

有学者通过 DEA 方法对我国人力资本投资效率进行测算，他们所选取的投入与产出指标存在一定差异，但均仅从经济角度确定了人力资本的投入和产出指标，如骆永民（2010）、刘军和常远（2012）、白勇和马跃如（2013）、封永刚和邓宗兵（2015）等确定的人力资本投资的投入与产出指标。而在人力资本投资活动中，对人力资本的投入不仅包括资金投入，还包括人员投入，产出则主要包括由人力资本投资活动所带来的各项有形和无形产出，如毕业生人数、劳动者受教育年限的提高、公民素质的提高、经济结构的升级等不同形式的产出。

为准确地测算我国人力资本投资效率，本书依照人力资本投资效率评价指标体系构建原则，通过人力资本的投入和产出的具体实现形式的分析，并结合学者们已有研究，最终构建出科学合理的我国人力资本投资效率评价指标体系。

人力资本投资效率评价指标体系是由人力资本投入与人力资本产出共同组成的。人力资本投入包括资金投入和人员投入两个方面。资金投入主要指为提高人力资本水平而投入的各种费用，包括政府、社会、企业和居民个人用于提高人力资本水平的支出。目前衡量人力资本资金投入的指标主要包括政府对教育和卫生的财政投入、居民个人和社会对教育和卫生的投入、企业对员工的培训投入等方面。人员投入指直接从事教育、卫生和培训的人员以及参与管理和提供服务的人员，包括高等学校与中等职业学校教职工人员数量，卫生机构从业人员数量和培训机构从业人员数量。但由于我国已有的统计数据中并没有各省份培训机构从业人员数，因而，本书中的人力资本人员投入主要是高等学校与中等职业学校教职工数量和卫生机构从业人员数量。

人力资本的产出主要包括经济产出、教育产出和其他产出。其中，经济产出指对人力资本进行投资而带来的各种个人和社会收益的增加，主要包括历年各省份职工工资总额的增加额和各省份 GDP 的增加额。教育产出指对教育进行的各种投入所带来的收益，主要包括历年各省份居民受教育总年限的提高、各省份高等学校毕业生人数以及公民素质的提高等。其中，公民素质的提高包括思想道德和身体素质的提高，但由于思想道德素质和身体素质的提高主要以一种抽象的形式存在，难以采用数据表达，因而本书选取历年各省份居民受教育总年限的提高和高等学校与中等职业学校毕业生人数来衡量教育产出。其他产出主要指产业结构的优化与升级，由于人力资本水平的提高有力地提升了产业的活力和产业转换的承受力，为区域的产业优化与升级提供了有力支撑，因而对人力资本进行投资会促进产业结构的优化与升级。本书采用各省份第三产业产值在 GDP 中的比重来衡量产业的优化与升级。

人力资本投资效率评价指标如表 4-1 所示。

表 4-1　人力资本投资效率评价指标

指标	二级指标	三级指标
投入指标	资金投入	教育、卫生和培训经费投入之和
	人员投入	高等学校、中等职业学校与卫生机构从业人员
产出指标	经济产出	职工工资总额的增加额
		GDP 增加额
	教育产出	受教育总年限的增加额
		高等学校和中等职业学校毕业生数
	其他产出	第三产业产值在 GDP 中的比重

4.2　人力资本投资的投入产出现状分析

由于人力资本投资活动是一个多投入、多产出的复杂过程，因此，需要对我国人力资本投资的投入与产出现状有较为全面的描述。

4.2.1　数据说明

根据人力资本投资效率评价指标体系可知，人力资本投资的投入指标包括资金投入和人员投入，其中，资金投入主要包括政府财政和居民个人在教育、卫生医疗、培训方面的支出（单位：亿元），人员投入则主要包括高等学校、中等职业学校和卫生机构的从业人员数（单位：万人）；而相应的产出指标则包括经济产出、教育产出和其他产出，其中经济产出包括职工工资总额的增加额（单位：亿元）、GDP 增加额（单位：亿元），教育产出包括劳动者受教育总年限的增加额（单位：万人年）和高等与中等职业学校毕业生数（单位：万人），其他产出则主要指第三产业比重在 GDP 中的比重（单位:%）。

本书以中国各省、市、自治区①为样本（不包括港、澳、台），为保证各种投入和产出数据在时间上具有一致性，同时考虑相关统计数据的出现时间，本书选取 1995 年为基期。其数据来源于《中国教育经费统计年鉴》（1996~2022）、《中国统计年鉴》（1996~2022）、《中国农村统计年鉴》（1996~2022）、《中国劳动统计年鉴》（1996~2022）和《中国卫生健康统计年鉴》（1996~2022）。

4.2.2 投入产出指标的现状分析

由前文人力资本投资效率评价指标体系可知，评价指标主要包括投入和产出指标。本部分将分别对投入和产出指标进行分析，从而对我国人力资本投资活动有较为清晰的认识。

4.2.2.1 投入总量分析

从人力资本投资的资金投入看（见表 4-2），1995~2021 年，我国人力资本投资的资金投入总量呈现出逐年上升趋势，已经由 1995 年的 4249 亿元上升到 2021 年的 120164 亿元，在考察期内增长了 28.3 倍，在大多数年份中都实现了两位数的增长速度，其年均增长速度达到 11.47%，已经超过同期 GDP 的年均增长速度。而与资金投入的快速增长不同，人员投入虽然也呈现增长趋势，但其增长趋势较为缓慢，其中，高等和中等职业学校的教职工数在 1995~2021 年仅增加了 2.3 倍，而同期内高等和中等职业学校毕业生人数则增加了 5 倍，说明随着教育事业的发展，高等和中等职业教育的师资人员投入存在一定不足；与此同时，卫生机构从业人数在 1995~2021 年则仅增加 2.6 倍，与卫生资金投入的快速增长相比，卫生机构从业人员还存在一定短缺。

表 4-2 1995~2021 年全国人力资本投资投入现状

单位：亿元、万人、%

年份	资金投入总量		高等与中等职业学校教职工数		卫生机构从业人数	
	总量	增速	总量	增速	总量	增速
1995	4249	—	157	—	536	—
1996	5261	23.82	158	0.52	541	0.90

① 由于西藏自治区数据存在较多异常值，且各种数据存在缺失，故样本剔除西藏自治区。

续表

年份	资金投入总量		高等与中等职业学校教职工数		卫生机构从业人数	
	总量	增速	总量	增速	总量	增速
1997	6020	14.43	158	0.41	551	1.79
1998	6535	8.54	157	-0.56	553	0.38
1999	7344	12.38	159	1.13	556	0.56
2000	9253	26.01	160	0.45	558	0.41
2001	9892	6.90	164	2.65	558	-0.09
2002	11182	13.04	168	2.54	523	-6.23
2003	12571	12.42	180	6.83	526	0.71
2004	14230	13.20	249	38.36	534	1.49
2005	17933	26.02	263	5.70	542	1.36
2006	20457	14.08	279	6.21	561	3.56
2007	24221	18.40	293	4.87	590	5.14
2008	28373	17.14	302	3.20	616	4.42
2009	32809	15.64	308	1.86	777	26.12
2010	37666	14.80	311	1.04	818	5.35
2011	50658	34.49	315	1.17	858	4.93
2012	53720	6.04	317	0.82	909	5.86
2013	61469	14.40	318	0.3	976	7.37
2014	65945	7.31	320	0.6	1023	4.86
2015	72799	10.42	321	0.3	1069	4.49
2016	81228	11.63	323	0.6	1117	4.48
2017	88797	9.36	325	0.6	1175	5.16
2018	96644	8.81	329	1.2	1230	4.69
2019	106652	10.42	337	2.4	1293	5.11
2020	107849	1.11	347	3.0	1347	4.23
2021	120164	11.47	358	3.2	1399	3.79

数据来源：《中国统计年鉴》（1996~2022）。

4.2.2.2 投入强度分析

投入强度（资金投入/GDP）是评价一项投资活动的重要指标，由于其是一个相对指标，可以有效克服因不同地区经济总量差异所产生的影响，从而使得最终分析结果更具有合理性。

从表4-3中人力资本投资的资金投入强度看，1995~2021年，西部地区的投入强度最高，在大多数年份中都要超过10%，其次是中部地区，再次是全国，最

低的为东部地区。从投入强度的变化趋势看，全国及东、中、西部地区均呈现出上升趋势，但其间具有一定的波动性，其中，全国的投入强度从 1995 年的 7. 39%上升到 2000 年的 9. 53%，而后开始下降，2008 年投资强度又开始上升，之后稳定在 10%以上；东部地区的投入强度同样在 2000 年上升到 8. 81%后出现下降，2008 年后重新开始上升；中部和西部地区分别在 2003 年和 2002 年达到阶段高点后开始下降，且均在 2008 年后重新开始呈上升趋势。从投入强度增幅看，在考察期内，投入强度增幅最高的是西部地区，其增幅达到 3. 74%，而东部地区增幅最低，仅为 2. 8%。从各地区的投资强度及其变化幅度中可以看出，西部地区对人力资本投资的关注程度显著高于东部和中部地区。

表 4-3　1995~2021 年全国及三大地区人力资本投入强度 单位：亿元、%

年份	全国		东部		中部		西部	
	资金投入	占 GDP 比重	资金投入	占 GDP 比重	资金投入	占 GDP 比重	资金投入	占 GDP 比重
1995	4249	7. 39	2088	6. 52	1237	8. 22	924	8. 87
1996	5261	7. 71	2560	6. 77	1574	8. 65	1128	9. 22
1997	6020	7. 85	3010	7. 07	1733	8. 44	1277	9. 40
1998	6535	7. 90	3272	7. 08	1865	8. 51	1398	9. 60
1999	7344	8. 40	3719	7. 50	2050	9. 08	1574	10. 32
2000	9253	9. 53	4908	8. 81	2408	9. 68	1938	11. 72
2001	9892	9. 28	5139	8. 37	2622	9. 67	2130	11. 76
2002	11182	9. 49	5929	8. 68	2861	9. 65	2391	12. 00
2003	12571	9. 04	6733	8. 12	3185	9. 77	2653	11. 28
2004	14230	8. 50	7656	7. 69	3624	9. 18	2951	10. 40
2005	17933	9. 01	9720	8. 20	4545	9. 76	3667	10. 84
2006	20457	8. 80	11055	7. 98	5171	9. 58	4231	10. 56
2007	24221	8. 67	12724	7. 70	6301	9. 64	5196	10. 64
2008	28373	8. 52	14552	7. 50	7486	9. 50	6335	10. 55
2009	32809	8. 99	16360	7. 72	8757	10. 13	7692	11. 56
2010	37666	8. 63	18987	7. 58	9783	9. 30	8896	11. 00

续表

年份	全国		东部		中部		西部	
	资金投入	占 GDP 比重	资金投入	占 GDP 比重	资金投入	占 GDP 比重	资金投入	占 GDP 比重
2011	50658	9. 73	24792	8. 44	13615	10. 67	12250	12. 30
2012	53720	9. 33	26491	8. 26	14275	10. 06	12954	11. 44
2013	61469	9. 77	30489	8. 73	16140	10. 40	14841	11. 86
2014	65945	10. 37	31854	8. 41	17660	10. 54	16242	11. 84
2015	72799	10. 57	34988	8. 71	19473	11. 06	18101	12. 57
2016	81228	10. 92	38910	9. 00	21611	11. 33	20415	13. 11
2017	88797	10. 82	42300	8. 98	23764	11. 46	22417	13. 40
2018	96644	10. 51	46137	9. 11	25804	11. 51	24315	13. 30
2019	106652	10. 76	51440	9. 60	28446	11. 65	26345	12. 95
2020	107849	10. 64	51967	9. 43	28147	11. 34	27281	12. 91
2021	120164	10. 46	58402	9. 42	31321	11. 26	29972	12. 61

数据来源：《中国统计年鉴》（1996~2022）。

4.2.2.3　产出分析

人力资本投资的产出主要包括经济产出、教育产出和其他产出，主要包括职工工资总额的增加额、GDP 增加额、受教育总年限的增加额、高等和中等职业学校毕业生数、第三产业在 GDP 中的比重。

从全国的各项产出看（见表 4-4），职工工资增加额和 GDP 增加额均呈现出短暂下降后又重新上升的态势，1998 年前后，由于对国有企业进行改革，出现了职工的下岗分流，从而造成了职工工资增加额和 GDP 增加额下降，随着国有企业改革的进一步深化，经济状况出现好转，因而职工工资增加额和 GDP 增加额再次开始上升。受教育总年限增加额在考察期内则出现反复，但总体趋势是增加的，高等和中等职业学校毕业生数与第三产业产值在 GDP 中的比重在考察期内基本呈现出逐年上升趋势，其中，高等和中等职业学校毕业生数量随着国家高校扩招政策的实施，毕业生在 2009 年增长到 1000 万人以上。

表 4-4 1995~2021 年全国人力资本投资产出现状

单位：亿元、万人、%

年份	工资增加额	GDP 增加额	受教育总年限的增加额	高等和中等职业学校毕业生数	第三产业产值在GDP 中的比重
1995	1164	11918	23044	164	32. 86
1996	888	9610	20717	185	32. 77
1997	612	8434	31438	198	34. 17
1998	110	6007	15978	212	36. 23
1999	576	4758	17472	225	37. 77
2000	778	9644	18919	245	39. 02
2001	1168	9536	20486	254	40. 46
2002	1323	11232	22742	277	41. 47
2003	1580	21206	28038	336	41. 23
2004	2151	28302	18870	752	40. 38
2005	2888	31591	20433	655	40. 51
2006	3469	33567	32604	769	40. 94
2007	4950	46870	25205	878	41. 89
2008	5466	53524	19081	982	41. 82
2009	6564	31943	22523	1040	43. 43
2010	6968	71672	24389	1118	43. 24
2011	12679	84301	32309	1148	43. 37
2012	10946	55016	39125	1177	44. 59
2013	12488	53350	40362	1247	46. 10
2014	19506	49899	4804	1196	44. 64
2015	18381	38313	5839	1176	47. 2
2016	16134	57177	4036	1154	49. 05
2017	19629	66911	960	1145	50. 66
2018	23182	67401	5119	1142	51. 78
2019	25632	70405	14255	1150	53. 73
2020	19662	26877	6361	1154	54. 34
2021	33381	125151	2603	1181	53. 41

数据来源：《中国统计年鉴》（1996~2022）。

4.3 人力资本投资的投入产出弹性分析

由于人力资本投资活动是一个多投入和多产出的复杂的活动过程，为了能更全面、准确地描述我国人力资本投资活动的现状，需要从全局的角度考察投入和产出之间的数量关系，因而本书对人力资本活动的投入产出弹性进行分析，这有利于优化人力资本活动的资源配置水平，提高人力资本对经济的支撑能力。

4.3.1 分析方法与数据说明

4.3.1.1 分析方法

由于人力资本投资活动是一个多投入和多产出的过程，因而利用 Cobb-Douglas（C-D）生产函数进行扩展，最终可得到一个具有多投入和多产出的生产函数模型：

$$y_1^{\beta_1} \times y_2^{\beta_2} \times \cdots \times y_s^{\beta_s} = x_1^{\alpha_{11}} \times x_2^{\alpha_{21}} \times \cdots \times x_\gamma^{\alpha m} \times e^{\varepsilon} \tag{4-1}$$

式中，e^{ε} 为随机扰动项。对上式两边进行取自然对数处理后可得：

$$\sum_{i=1}^{s} \beta_i \ln(y_i) = \sum_{j=1}^{m} \alpha_j \ln(x_j) + \varepsilon \tag{4-2}$$

由于人力资本投资的投入和产出之间存在一定的共线性，很难直接采用多元线性回归模型来进行参数估计，因而本书参照 Vinod（1976）提出的典型相关分析法（Canonical Correlation Analysis，CCA）对式（4-2）进行分析。

CCA 主要是借助主成分（Principal Components Analysis，PCA）降维思想，即分别对每组变量提取主成分（原始变量的线性组合），使其相关程度最大，从而得到第一对典型变量；同理可以得到第二、第三对典型变量等，且各对变量间保持相互独立。

运用 CCA 对式（4-2）进行参数估计，将分别出现两个投入产出变量的线性组合，如下：

$$U = \alpha_1 \ln(x_1) + \cdots + \alpha_m \ln(x_m) = \sum_{j=1}^{m} \alpha_j \ln(x_j) \tag{4-3}$$

$$V=\beta_1\ln(y_1)+\cdots+\beta_s\ln(y_s)=\sum_{i=1}^{s}\beta_i\ln(y_i) \tag{4-4}$$

令 $L=(\alpha_1, \alpha_2, \cdots, \alpha_m)$、$M=(\beta_1, \beta_2, \cdots, \beta_s)$，再根据 CCA 方法，取：

$$\rho^*=\max_{L,M}Corr(U, V) \tag{4-5}$$

估算出 $L^*=(\alpha_1^*, \alpha_2^*, \cdots, \alpha_m^*)$和 $M^*=(\beta_1^*, \beta_2^*, \cdots, \beta_s^*)$，从而得到：

$$V=\rho^* U \tag{4-6}$$

将式（4-3）~式（4-5）代入式（4-6）中即可得到式（4-2）的估计式：

$$\sum_{i=1}^{s}\beta_i^*\ln(y_i)=\sum_{j=1}^{m}\rho^*\alpha_j^*\ln(x_j) \tag{4-7}$$

根据 Gyimah-Brempong（1991）和 Ruggiero（1996）的定义，边际产出弹性可表示为：

$$ME(y_i, x_i)=\frac{\partial\ln(y_i)}{\partial\ln(x_j)}=\frac{\rho^*\alpha_j^*}{\beta_i^*},\ i=1, 2, \cdots, m;\ j=1, 2, \cdots, s \tag{4-8}$$

4.3.1.2 数据说明

为测算人力资本投资的投入产出弹性，本书选取人力资本的投入和产出指标：投入指标包括人力资本投资和教育与卫生机构从业人数；产出指标包括从业人员受教育年限增量、劳动者工资总额增量、国内生产总值增量和中等与高等学校毕业生数，数据来源为《中国统计年鉴》（1996~2021）、《中国教育经费统计年鉴》（1996~2021）、《中国劳动统计年鉴》（1996~2021）和《中国卫生与计划生育统计年鉴》（1996~2021）。

4.3.2 投入产出弹性分析

通过选取的人力资本投资的投入和产出数据，运用典型相关分析（CCA）模型，可以测算出 1995~2021 年我国人力资本投资的投入产出弹性，具体结果如表 4-5 和表 4-6 所示。

表 4-5 典型相关系数的统计检验

典型变量	典型相关系数	Wilk's 统计量	Chi-SQ 统计量	DF 统计量	伴随概率
1	0.9713	0.0546	39.4167	8.0000	0.0000
2	0.2465	0.9394	0.8431	3.0000	0.8391

表 4-6 典型变量对观测变量贡献率及累计贡献率

典型变量	典型变量对投入观测变量贡献率及累计贡献率				典型变量对产出观测变量贡献率及累计贡献率			
	(X, V)		(X, U)		(Y, V)		(Y, U)	
	贡献率	累计贡献率	贡献率	累计贡献率	贡献率	累计贡献率	贡献率	累计贡献率
1	0.9321	0.9321	0.8791	0.8791	0.7296	0.7296	0.7746	0.7746
2	0.0679	1.0000	0.0042	1.0000	0.0067	0.7363	0.1068	0.8814

由表 4-5 和表 4-6 可知：第一对典型变量呈现出高度相关，其相关系数高达 0.9713，且通过 1%的统计显著性检验，且第一对典型变量对人力资本投资的投入产出变量的解释率超过 85%，说明第一对典型变量能很好地表示原变量，因而可以选取第一对典型变量进行投入产出弹性分析。

在典型变量明确的基础上，可以得到人力资本投资的投入产出变量标准化的典型系数。则第一对典型变量的表达式为：

$$V_1=0.896\times\ln(x_1)+0.113\times\ln(x_2)$$

$$U_1=0.101\times\ln(y_1)+0.896\times\ln(y_2)+0.247\times\ln(y_3)+0.304\times\ln(y_4)$$

依据 CCA 的弹性计算公式，可以计算出我国人力资本投资投入要素的边际产出弹性，如表 4-7 所示。

表 4-7 人力资本投资投入要素边际产出弹性

变量	$\ln(y_1)$	$\ln(y_2)$	$\ln(y_3)$	$\ln(y_4)$
$\ln(x_1)$	8.6167	0.9713	3.5234	2.8628
$\ln(x_2)$	1.0867	0.1225	0.4443	0.3610

由表 4-7 可知，1995~2021 年我国人力资本投资的资金投入的边际产出弹性要高于人员投入的边际产出弹性，说明资金投入在人力资本投资活动中具有核心作用，这也是我国人力资本投资的资金投入要快于人员投入的原因所在。

在人力资本投资的各项产出中，人力资本投资的资金投入和人员投入对受教育年限增量的产出弹性是最大的，其数值分别为 8.6167 和 1.0867，说明现有的人力资本投资的资金和人员投入为受教育年限的提升提供了有力保障。而人力资本投资的资金投入和人员投入对 GDP 增量的产出弹性也较大，其数值为 3. 5234 和 0. 4443，说明对人力资本进行的资金和人员投入有力地促进了我国经济的发展，这与我国经济发展方式的转变密不可分。人力资本投资的资金投入和人员投入对毕业生数量的产出弹性较大，其数值分别为 2. 8628 和 0. 3610，说明对人力资本进行的人员和资金投入对提高毕业生数量起到了一定的推动作用，从而有力地提高了从业人员的素质。人力资本投资的资金投入和人员投入对工资总额增量的产出弹性最小，说明对人力资本进行的投资可以提高劳动者的工资，但由于还有其他的因素对劳动者工资的提升产生影响，如个人能力、制度、宏观经济环境等因素，造成其产出弹性偏小。

4.4 静态视角下的人力资本投资效率测度

由于对人力资本的投入被认为是一种投资活动，因而需要对人力资本投资的效率进行评价，考虑到不同效率测算方法的优缺点和各种指标的实际情况后，本书运用超效率 DEA 模型对我国人力资本的投资效率进行测算。

4.4.1 超效率模型

传统的 DEA 模型测度的结果可以分为效率值为 1 的有效决策单元和效率值不为 1 的无效决策单元，对于无效决策单元可以按照其效率值进行排序，而对于效率值均为 1 的有效决策单元则无法对其进行排序。由于传统的 DEA 模型存在无法对有效决策单元进行比较的缺陷，因而 Banker 和 Gifford（1987）通过将有效决策单元分离出参考效率前沿面并测度其超效率得分的方式，从而可以对各有效决策单元进行测评。Andersen 和 Peterson（1993）在 Banker 和 Gifford 的基础上对超效率 DEA 模型进行了完善，思路是将其第 K 个 DMU 的投入和产出用其他所有 DMU 的线性组合来替代，从而测算出其效率。具体的线性规划模型为：

$$\min\theta$$

$$\text{s.t.}\begin{cases}\sum\limits_{\substack{i=1\\i\neq k}}^{n} X_i\lambda_i \leqslant \theta X_k \\ \sum\limits_{\substack{j=1\\j\neq k}}^{n} Y_j\lambda_j \geqslant Y_k \\ \lambda_j \geqslant 0,\ j=1,\ 2,\ \cdots,\ n\end{cases} \tag{4-9}$$

超效率模型主要经济含义为：对于一个有效的 *DMU*，在保持其效率不变的前提下，投入按比例增加，则其增加的比例即为其超效率值 θ，其效率值将维持在 1 之上。而无效决策单元的效率值仍然与原测算结果一致。

4.4.2 效率结果分析

4.4.2.1 全国及各省份效率分析

本书利用各省份人力资本投资的投入与产出指标数据，采用规模报酬不变（CRS）假设条件下的超效率 DEA 模型对我国各省份的人力资本投资效率进行测算，具体计算结果如表 4-8 所示。其中，横向数值表示各省份人力资本投资效率的时间变化，纵向数值则表示相同年份人力资本投资效率的空间变化。

由表 4-8 可知，报告期内我国人力资本投资效率基本呈上升趋势，其效率值从 1995 年的 0.7353 上升为 2021 年的 1.0056，共增长了 0.2703。考察期内，我国人力资本投资效率均值为 0.8656，标准差系数为 0.1145，且各省份效率均值中最大的为 1.1759，最小的为 0.6963，说明不同省份的人力资本投资效率有较大差距，人力资本投资效率在一些省份存在提升空间。从各省份的人力资本投资效率看，效率最高的省份为天津、上海、福建、青海、宁夏等，这些省份中既有经济发达省份，也有经济欠发达省份，说明人力资本投资效率的高低与其自身的经济发展水平并不一致，可能由于这些经济不发达省份的经济和人口规模相对较小，相应的人力资本投入更容易取得良好的成效。而考察期内效率较低的省份为吉林、黑龙江、新疆等，相对于效率较高的省份，这些省份存在资源利用效率不高、资源浪费现象。

从各省份人力资本投资效率的变化趋势看，各省份的变化趋势基本是上升的，其中，北京、山西、辽宁、安徽、广西、新疆等省份表现为较快的上升趋势，黑龙

表 4-8 1995~2021 年全国各省份人力资本投资效率

地区	1995	1996	1997	1998	1999	2000	2001	2002	2003	2004	2005	2006	2007	2008	2009	2010	2011	2012	2013	2014	2015	2016	2017	2018	2019	2020	2021	均值
北京	0.6139	0.6313	0.6838	0.6762	0.8108	0.9762	1.0289	1.6105	1.2066	1.1115	0.8604	0.9378	1.1229	1.2277	1.0206	0.9558	0.9592	0.9863	1.0142	0.8839	0.8914	1.0280	1.0605	1.0853	1.0513	1.0069	1.0274	0.9748
天津	0.9339	0.9541	0.7645	0.8113	0.9505	1.0251	0.9316	0.7825	0.8795	1.0142	0.9806	0.8147	0.9407	1.2440	0.9325	1.0846	1.3152	1.3436	1.3727	1.3274	1.0426	1.0953	1.1004	1.0769	1.0703	1.1990	1.1601	1.0356
河北	0.7843	0.7904	0.7390	0.7363	0.7947	0.9131	0.7965	0.7166	0.6893	0.9591	0.8090	0.7830	0.8751	0.8931	0.8825	0.8229	0.8875	0.8944	0.9013	1.0054	0.8422	0.8226	0.7984	0.7541	0.8191	0.9711	1.0139	0.8382
山西	0.5494	0.5639	0.5850	0.7486	0.7996	0.9084	0.8923	0.7781	1.0955	1.0771	0.8420	0.8223	0.9550	0.9284	0.7756	0.9645	0.8341	0.8561	0.8787	0.8716	0.8489	0.8169	1.0501	1.0030	1.0113	1.0378	1.1751	0.8709
内蒙古	0.5579	0.5796	0.4750	0.5362	0.5784	0.6659	0.7407	0.6688	0.9263	0.9567	0.9734	0.9614	1.0197	1.2179	0.6721	0.8918	1.0281	1.0681	1.1097	0.7695	0.7286	0.7324	0.7468	0.7645	0.7705	0.8929	0.9152	0.7993
辽宁	0.5365	0.5512	0.5779	0.7847	0.7553	0.8977	0.7178	0.5993	0.5723	0.7013	0.6599	0.6073	0.6674	0.7810	0.6250	0.8124	0.8259	0.8484	0.8716	0.8508	0.8185	0.7682	0.7816	0.7971	0.8079	1.0403	1.0279	0.7453
吉林	0.6438	0.6494	0.5537	0.7150	0.8365	0.7972	0.7738	0.6381	0.5057	0.6379	0.5419	0.6204	0.6916	0.6542	0.5804	0.6912	0.7397	0.7462	0.7527	0.7664	0.7406	0.7394	0.7697	0.7466	0.8044	1.0036	0.9136	0.7130
黑龙江	0.7221	0.7227	0.6235	0.5944	0.6675	0.7984	0.6083	0.5233	0.5215	0.6519	0.5529	0.6684	0.6414	0.5671	0.6219	0.7074	0.7313	0.7319	0.7325	0.8678	0.7840	0.7728	0.7691	0.7805	0.7522	0.8602	0.8662	0.6963
上海	0.8510	0.8833	0.8086	0.7411	1.0379	0.9615	0.7731	0.6758	0.9020	0.9828	0.7868	0.8473	1.1090	0.8413	0.9992	0.7814	1.5423	1.6007	1.6613	1.2059	1.2205	1.2772	1.1652	1.1369	1.2120	1.2087	1.2059	1.0401
江苏	0.8091	0.8202	0.8192	0.8959	0.9782	1.0918	0.9692	0.7880	0.7627	0.9464	1.0498	0.8142	0.8767	0.9556	0.8145	1.1305	1.0064	1.0202	1.0342	1.0363	1.1091	1.0680	1.0479	1.0023	0.8796	1.0166	1.0749	0.9550
浙江	0.8554	0.8660	0.7620	0.7013	0.7636	0.9156	0.9162	1.0484	0.9682	1.1831	1.0393	0.9269	1.0417	0.9066	0.9174	1.0269	1.0416	1.0545	1.0676	0.9160	0.8926	0.9017	0.9080	0.9072	0.8517	0.9468	0.9334	0.9271
安徽	0.6326	0.6510	0.6590	0.6467	0.7079	0.8845	0.9445	0.8132	0.7778	0.9147	0.7205	0.7611	0.8488	0.9092	0.8386	1.1527	1.0004	1.0295	1.0594	1.2207	1.3125	1.3588	1.3222	1.3527	1.3463	1.1180	1.0578	0.9642
福建	1.0564	1.0621	1.1599	1.0474	0.8677	1.0335	1.0690	0.7486	1.0717	1.0971	0.8027	0.9169	1.0964	1.0632	1.0467	0.9617	1.1516	1.1579	1.1642	1.0163	1.0227	1.0172	1.0544	1.2921	1.2137	1.0533	1.0092	1.0421
江西	0.8983	0.9030	0.6839	0.8384	1.0982	0.9279	0.9004	0.7412	1.1335	1.1778	0.7897	0.9705	1.4997	1.1508	0.9260	0.9449	0.9768	0.9819	0.9871	0.9094	0.8524	0.8450	0.9010	0.9135	0.9020	0.9201	1.0031	0.9649
山东	0.8541	0.8583	0.7296	0.7947	0.8423	0.9091	0.9876	0.8470	0.6396	1.1231	1.2242	0.9414	0.9382	0.9981	0.8300	0.9606	0.9232	0.9277	0.9322	1.0810	1.0147	0.8442	0.8414	0.7967	0.8169	0.9207	0.9657	0.9126
河南	0.7678	0.7762	0.6195	0.7217	0.8805	1.1270	1.0897	0.8241	0.7302	1.2559	0.9343	0.9505	1.0264	0.9484	0.8582	0.9814	0.9141	0.9241	0.9342	1.0254	0.8528	0.8501	1.0219	0.8643	1.0356	1.0510	1.0971	0.9217
湖北	0.6879	0.7049	0.8081	0.8739	1.0477	1.0797	0.9300	0.6697	0.7467	0.8571	0.6537	0.8922	0.8802	0.9669	1.0145	1.0963	1.0153	1.0403	1.0659	0.9401	0.9014	0.8353	0.8216	0.8560	0.8235	0.9567	0.9973	0.8931
湖南	0.5681	0.5918	0.6229	0.6837	0.7809	0.8093	0.7943	0.7460	0.5648	0.8553	0.6922	0.7652	0.9035	0.8804	0.8278	1.0339	1.0919	1.1374	1.1848	0.8756	0.8787	0.7989	0.7728	0.7425	0.7549	0.9385	0.9380	0.8170
广东	1.0114	0.9985	0.7848	0.7773	0.8161	1.0138	0.7499	0.7562	1.3251	0.9578	1.1140	0.8275	1.1662	0.7535	0.6405	0.8006	0.8235	0.8130	0.8026	1.0279	1.0669	1.0319	1.0544	1.0153	0.9793	1.1141	1.1076	0.9539
广西	0.5275	0.5394	0.5031	0.6164	0.7188	0.7548	0.9915	0.6697	0.6523	0.8896	0.6032	0.7314	0.7440	0.7001	0.6582	0.8138	0.7547	0.7718	0.7893	0.9129	0.8554	0.7756	0.8095	0.7900	0.8685	0.9466	0.9656	0.7650
海南	0.7895	0.7992	0.8148	0.8719	0.9599	0.9644	0.9624	0.8738	0.8181	1.0034	0.7765	0.8107	1.0232	0.8394	0.8760	1.0368	0.9595	0.9712	0.9831	1.0520	1.0913	1.0587	1.0544	1.0442	1.0525	1.0574	1.0787	0.9544
重庆	—	—	—	0.7455	0.8626	0.8188	0.9044	0.7940	0.7804	0.9721	0.9486	0.8701	0.8762	0.8534	0.8417	0.9214	0.9248	0.9403	0.9560	0.8808	1.0336	0.9678	0.9024	0.8838	0.9031	1.1235	0.9381	0.9105
四川	0.3924	0.4129	0.5836	0.7052	0.7457	0.7840	0.8646	0.6506	0.5937	0.8129	0.6879	0.7696	0.9471	0.8300	0.7294	0.8664	0.8877	0.9342	0.9831	0.8921	0.8895	0.8638	0.8828	0.8317	0.8466	1.0069	0.9941	0.7883
贵州	0.5496	0.5694	0.6629	0.8331	1.1220	1.0208	1.0198	0.8397	0.8781	0.8333	0.6597	0.8306	0.9453	0.8540	0.6532	0.8501	0.9686	1.0035	1.0397	0.8347	0.8437	0.7473	0.8206	0.7760	0.7942	0.8761	0.8368	0.8289
云南	0.7614	0.7638	0.6042	0.6680	0.6967	0.7305	0.6816	0.5874	0.5019	1.5893	0.7290	0.7334	0.7239	0.7867	0.6326	0.9648	0.8013	0.8039	0.8065	0.8311	0.8237	0.8094	0.7852	0.7511	0.8374	0.9551	0.9746	0.8067
陕西	0.5329	0.5514	0.6337	0.7220	0.9305	0.8917	0.8792	0.6832	0.7794	0.9360	0.7564	0.7542	0.9280	0.8672	0.7691	0.8516	0.9205	0.9525	0.9856	0.8575	0.8421	0.8549	0.8705	0.8541	0.8058	0.8624	0.8716	0.8158
甘肃	0.8424	0.8480	0.5992	0.7888	0.8014	0.8201	0.7989	0.7109	0.7948	0.8083	0.6775	0.6912	0.7434	0.7736	0.7209	0.9855	0.9359	0.9420	0.9482	0.8795	0.8298	0.7853	0.8013	0.7817	0.7847	0.8871	0.9033	0.8139
青海	1.1274	1.1434	1.0953	1.0300	1.6592	1.1324	1.1760	1.1368	1.2095	1.1824	1.1032	1.1699	1.1050	1.1349	1.0442	1.0492	1.4122	1.4322	1.4525	0.9168	1.0433	1.0664	1.0837	1.0843	1.1138	1.0994	1.1228	1.1759
宁夏	0.9607	0.9660	0.9142	0.9510	0.9203	1.1076	1.2187	0.9290	1.1186	1.1056	1.0405	1.1143	1.0309	1.0254	1.0979	1.0779	1.0498	1.0556	1.0615	1.1672	1.0828	1.0685	1.0561	1.0439	1.0711	1.2161	1.0744	1.0565
新疆	0.5054	0.5151	0.6491	0.6086	0.6724	1.0362	0.8188	0.6648	0.6822	0.5335	0.5392	0.6143	0.6812	0.6259	0.5785	0.7247	0.6852	0.6984	0.7118	0.8283	0.8379	0.8225	0.8587	0.8353	0.8277	0.9059	0.9178	0.7203
均值	0.7353	0.7471	0.7076	0.7622	0.8701	0.9266	0.8977	0.7838	0.8276	0.9709	0.8183	0.8306	0.9350	0.9059	0.8142	0.9315	0.9703	0.9829	1.0081	0.8656	0.9331	0.9141	0.9304	0.9188	0.9269	1.0064	1.0056	0.8900
标准差	0.1833	0.1799	0.1533	0.1184	0.1955	0.1227	0.1400	0.1989	0.2246	0.2060	0.1821	0.1317	0.1788	0.1708	0.1516	0.1244	0.1880	0.1960	0.1354	0.2454	0.1387	0.1570	0.1442	0.1614	0.1534	0.1011	0.0937	0.1145

江、浙江、江西、山东、广东、甘肃等省份增长较慢，福建、青海出现小幅下降。

从人力资本投资效率的差异看，报告期内我国人力资本投资效率的差异基本呈现出先上升后下降的U型变化趋势。1995~2003年的人力资本投资效率的标准差呈现先下降后上升的趋势，从1995年的0.1833上升到2003年最大的0.2246开始下降，2014年达到高点后又开始下降，最终在2021年下降为0.0937。上述变化现象表明，人力资本投资效率的地区差异有所缩小，表示不同地区间存在良性的技术外溢，从而出现地区间效率差异缩小现象。

4.4.2.2 三大地区效率分析

基于1996~2013年我国各省份人力资本投资效率均值，可以得到东、中、西部三大地区的人力资本投资效率，具体结果如表4-9所示。

表4-9 1995~2021年东、中、西三大地区人力资本投资效率

年份	东部	中部	西部
1995	0.9455	0.6888	0.6981
1996	0.8377	0.6954	0.6889
1997	0.7858	0.6444	0.672
1998	0.8035	0.7278	0.7459
1999	0.8706	0.8523	0.8825
2000	0.9729	0.9166	0.8875
2001	0.9002	0.8667	0.9177
2002	0.8588	0.7167	0.7577
2003	0.8941	0.7594	0.8107
2004	1.0072	0.9285	0.9654
2005	0.9185	0.7159	0.7926
2006	0.8389	0.8063	0.8401
2007	0.987	0.9308	0.8859
2008	0.9549	0.8757	0.879
2009	0.8714	0.8054	0.7634
2010	0.9249	0.9465	0.9088
2011	1.0396	0.913	0.9426
2012	1.0458	0.9292	0.9605

续表

年份	东部	中部	西部
2013	1.0732	0.9494	0.9858
2014	1.0180	0.9078	1.0465
2015	1.0011	0.8964	0.8919
2016	0.9921	0.8771	0.8631
2017	0.9879	0.9286	0.8743
2018	0.9916	0.9074	0.8542
2019	0.9777	0.9288	0.8748
2020	1.0486	0.9857	0.9793
2021	1.0550	1.0060	0.9559
均值	0.9482	0.8558	0.8639
标注差	0.0785	0.0975	0.0930

从我国三大地区的人力资本投资效率看，三大地区的人力资本投资效率均呈现出上升的变化趋势，其中，东、中、西部地区的投资效率分别从 1995 年的 0.9455、0.6888 和 0.6981 上升为 2021 年的 1.0550，1.0060 和 0.9559，分别增长了 0.1095、0.3172 和 0.2578，中部地区效率增幅最高，东部增幅最低。东部地区的效率均值高于全国均值，中部地区均值与全国均值相当，西部地区均值低于全国均值。三大地区效率均值分别为 0.9482、0.8558 和 0.8639，东、中、西部三大地区的人力资本投资效率的标准差分别为 0.0785、0.0975 和 0.0930，表明中部地区的内部差异最大，东部地区相对较小。相对于全国人力资本投资效率的标准差系数而言，东、中、西部的标准差系数明显小于全国水平，表明人力资本投资效率的地区差异主要是由三大地区间的差异带来的。

4.5 动态视角下的人力资本投资 Malmquist 全要素生产率测度

传统 DEA 模型和超效率模型均主要用于截面数据的静态分析，即对被评价的 DMU 与同期的其他 DMU 进行比较，而 Malmquist 指数更多地倾向于对 DMU 的动态分析，从而在一定程度上弥补了只能静态评价的缺陷。

4.5.1 Malmquist 指数模型

Malmquist 指数最早由经济学家 Malmquist 于 1953 年提出，最初用于研究消费的变化。Caves 等（1982）受此启发，将此指数作为生产率指数，通过线性规划方法度量距离函数，并利用距离函数的比值构造出生产率指数，并依此分析生产率的变动情况。Malmquist 指数表示从 t 期到 $t+1$ 期的 DMU 生产率的变化，其中最关键的是构造距离函数，投入距离函数被认为是实际生产点(X^t, Y^t)向理想的最小投入点的压缩比例，为测算此指数需要构造四个距离函数 $D^t(x^t, y^t)$, $D^t(x^{t+1}, y^{t+1})$, $D^{t+1}(x^t, y^t)$, $D^{t+1}(x^{t+1}, y^{t+1})$。

$$D_0^t(x^t, y^t) = \min\theta$$

$$\text{s. t.}\begin{cases}\sum_{j=1}^{n} X_j^t\lambda_j^t + s^{-0} = \theta X_0^t \\ \sum_{j=1}^{n} Y_j^t\lambda_j^t - s^{+0} = Y_0^t \\ \lambda_j^t \geqslant 0,\ j=1,\ 2,\ \cdots,\ n,\ s^{-0}\geqslant 0,\ s^{+0}\geqslant 0\end{cases} \tag{4-10}$$

$$D_0^t(x^{t+1}, y^{t+1}) = \min\theta$$

$$\text{s. t.}\begin{cases}\sum_{j=1}^{n} X_j^t\lambda_j^t + s^{-0} = \theta X_0^{t+1} \\ \sum_{j=1}^{n} Y_j^t\lambda_j^t - s^{+0} = Y_0^{t+1} \\ \lambda_j^t \geqslant 0,\ j=1,\ 2,\ \cdots,\ n,\ s^{-0}\geqslant 0,\ s^{+0}\geqslant 0\end{cases} \tag{4-11}$$

$$D_0^{t+1}(x^t, y^t) = \min\theta$$

$$\text{s. t.}\begin{cases}\sum_{j=1}^{n} X_j^{t+1}\lambda_j^{t+1} + s^{-0} = \theta X_0^t \\ \sum_{j=1}^{n} Y_j^{t+1}\lambda_j^{t+1} - s^{+0} = Y_0^t \\ \lambda_j^{t+1} \geqslant 0,\ j=1,\ 2,\ \cdots,\ n,\ s^{-0}\geqslant 0,\ s^{+0}\geqslant 0\end{cases} \tag{4-12}$$

$$D_0^{t+1}(x^{t+1}, y^{t+1}) = \min\theta$$

$$\text{s. t.}\begin{cases}\sum_{j=1}^{n} X_j^{t+1}\lambda_j^{t+1} + s^{-0} = \theta X_0^{t+1} \\ \sum_{j=1}^{n} Y_j^{t+1}\lambda_j^{t+1} - s^{+0} = Y_0^{t+1} \\ \lambda_j^{t+1} \geqslant 0,\ j = 1,\ 2,\ \cdots,\ n,\ s^{-0} \geqslant 0,\ s^{+0} \geqslant 0\end{cases} \quad (4-13)$$

根据 Caves 等(1982)的研究，分别以 t 期到 $t+1$ 期的生产前沿为参照技术，则从 t 期和 $t+1$ 期的 Malmquist 指数分别表示为：

$$MPI^t = \frac{D^t(x^{t+1},\ y^{t+1})}{D^t(x^t,\ y^t)} \qquad MPI^{t+1} = \frac{D^{t+1}(x^{t+1},\ y^{t+1})}{D^{t+1}(x^t,\ y^t)}$$

为避免基准混淆，Fare 等（1994）按照 Fisher 理想指数的构造方法，采用两个时期的几何平均来计算 Malmquist 指数：

$$MPI(x^{t+1},\ y^{t+1},\ x^t,\ y^t) = \left[\left(\frac{D^t(x^{t+1},\ y^{t+1})}{D^t(x^t,\ y^t)}\right)\left(\frac{D^{t+1}(x^{t+1},\ y^{t+1})}{D^{t+1}(x^t,\ y^t)}\right)\right]^{\frac{1}{2}}$$

当 MPI 大于 1 时，表明 $t+1$ 期的全要素生产率出现上升，而小于 1 表示下降，等于 1 则表示不变。

而当假设规模报酬不变时，MPI 可以分解为：

$$MPI(x^{t+1},\ y^{t+1},\ x^t,\ y^t) = \frac{D_c^{t+1}(x^{t+1},\ y^{t+1})}{D_c^t(x^t,\ y^t)} \times \left[\left(\frac{D_c^t(x^{t+1},\ y^{t+1})}{D_c^{t+1}(x^{t+1},\ y^{t+1})}\right)\left(\frac{D_c^t(x^t,\ y^t)}{D_c^{t+1}(x^t,\ y^t)}\right)\right]^{\frac{1}{2}}$$

$$= EC \times TC$$

式中，EC 表示技术效率变动指数，用于衡量相对效率在 t 期到 $t+1$ 期的变化，如 EC 超过 1 表示效率提高了，小于 1 表示效率降低，等于 1 则表示效率不变。TC 则表示技术进步指数，当其高于 1 时表示技术进步，小于 1 表示技术衰退，等于 1 则表示技术不变。

4.5.2 Malmquist 指数及分解结果

4.5.2.1 各省份全要素生产率分析

本书利用各省份人力资本投资的投入与产出指标数据，采用规模报酬不变（CRS）假设条件下的 Malmquist 指数模型，本书计算出 1995~2021 年我国各省份人力资本投资的全要素生产率指数（MPI）、技术进步变动指数（TC）、技术效率变动指数（EC），具体计算结果如表 4-10 所示。

表 4-10 1995~2021 年各省份人力资本投资全要素生产率及分解

地区	TC	EC	MPI
北京	1.0087	1.0368	1.0458
天津	1.0014	1.0146	1.0160
河北	1.0021	0.9907	0.9928
山西	1.0195	0.9794	0.9984
内蒙古	1.0301	0.9633	0.9923
辽宁	1.0181	0.9591	0.9765
吉林	1.0301	0.9437	0.9721
黑龙江	1.0062	0.9934	0.9995
上海	1.0000	1.0721	1.0721
江苏	0.9998	1.0074	1.0071
浙江	1.0000	1.0501	1.0501
安徽	1.0000	0.9974	0.9974
福建	1.0000	1.0554	1.0554
江西	1.0052	0.9994	1.0046
山东	0.9972	0.9776	0.9749
河南	1.0000	0.9677	0.9677
湖北	1.0255	0.9705	0.9952
湖南	1.0102	1.0001	1.0104
广东	0.9901	1.0326	1.0224
广西	0.9998	1.0006	1.0004
海南	1.0064	0.9824	0.9886
重庆	0.9959	0.9543	0.9503
四川	1.0108	0.9497	0.9599
贵州	1.0000	0.9606	0.9606
云南	1.0069	0.9641	0.9708
陕西	1.0173	0.9796	0.9966

续表

地区	TC	EC	MPI
甘肃	1.0159	0.9297	0.9445
青海	1.0000	0.9193	0.9193
宁夏	1.0000	0.9581	0.9581
新疆	0.9974	0.9636	0.9611

注：表中各项指标的增长率为各指数减 1。

可以看出，1995~2021 年，我国人力资本投资的全要素生产率仅有北京、天津、上海、江苏、浙江、福建、江西、湖南、广东和广西 10 个省份出现增长趋势，并且，仅北京、天津、江西和湖南 4 个省份的技术效率变动指数与技术进步变动指数出现了增长，两者共同带动了全要素生产率的增长；其余 6 个省份的全要素生产率的增长仅源自技术进步变动指数的增长。剩余 20 个省份的人力资本投资的全要素生产率出现下降，其中，河北、山西、内蒙古、辽宁、吉林、黑龙江、安徽、河南、湖北、海南、贵州、云南、陕西、甘肃、青海、宁夏 16 个省份的全要素生产率的下降仅是技术进步变动指数下降造成的，而山东、重庆、新疆三省份全要素生产率的下降是由技术进步变动指数和技术效率变动指数共同下降造成的。

4.5.2.2 全国与三大地区全要素生产率分析

利用各省份投入产出数据，采用规模报酬不变（CRS）假设条件下的 Malmquist 指数模型，可测算出全国及三大地区的人力资本投资的全要素生产率，结果如表 4-11 所示。

1995~2021 年，我国人力资本投资的全要素生产率均出现震荡上升趋势，从 1995 年的 0.8594 上升为 2021 年的 1.3383，其中技术进步变动指数出现波动上升，从 1995 年的 0.8332 上升为 2021 年的 1.3357，而技术效率变动指数出现小幅下降，从 1995 年的 1.0315 下降为 2021 年的 1.0020。而从整个考察期各指标的均值看，人力资本投资全要素生产率、技术效率变动指数和技术进步变动指数均大于 1，说明 1995~2021 年我国人力资本投资活动的全要素生产率的上升主要是由于技术效率和技术进步的提高共同带动的，其中技术进步所起到的带动作用越来越大。

从东、中、西部三大地区的全要素生产率及分解情况的分析结果发现，三大

表 4-11　1995~2021 年全国及三大地区人力资本投资全要素生产率指数及分解

时间	全国			东部			中部			西部		
	TC	EC	MPI	TC	EC	MPI	TC	EC	MPI	TC	EC	MPI
1995~1996	0. 8332	1. 0315	0. 8594	0. 7986	0. 9740	0. 7779	1. 1121	0. 8090	0. 8996	0. 8880	1. 0342	0. 9184
1996~1997	0. 8212	0. 9903	0. 8132	0. 8816	0. 9799	0. 8638	0. 9986	0. 7759	0. 7748	0. 7971	0. 9948	0. 7930
1997~1998	0. 7441	1. 0742	0. 7993	0. 7674	1. 0579	0. 8119	1. 0871	0. 8461	0. 9198	0. 6570	1. 0813	0. 7104
1998~1999	1. 0862	0. 9483	1. 0300	1. 0247	1. 0243	1. 0495	0. 9266	1. 1222	1. 0399	1. 1243	0. 8927	1. 0037
1999~2000	1. 0584	1. 0527	1. 1142	1. 212	1. 0244	1. 2416	1. 0696	1. 0131	1. 0836	0. 9542	1. 0693	1. 0203
2000~2001	0. 7279	1. 0099	0. 7352	0. 7125	1. 0122	0. 7212	1. 0021	0. 7835	0. 7852	0. 7050	1. 0133	0. 7144
2001~2002	0. 9767	1. 0007	0. 9773	1. 0723	1. 0096	1. 0826	1. 0086	0. 9170	0. 9248	0. 9313	0. 9862	0. 9184
2002~2003	1. 3470	0. 9478	1. 2766	1. 4157	0. 9458	1. 3390	0. 9221	1. 3402	1. 2358	1. 2862	0. 9688	1. 2461
2003~2004	1. 3620	1. 0340	1. 4083	1. 2498	1. 0593	1. 3240	1. 0172	1. 5800	1. 6071	1. 3323	1. 0214	1. 3609
2004~2005	0. 7438	0. 9974	0. 7419	0. 8809	0. 9813	0. 8645	1. 0383	0. 6574	0. 6827	0. 6870	0. 9845	0. 6764
2005~2006	1. 0989	1. 0157	1. 1162	1. 0149	0. 9833	0. 9980	0. 9934	1. 2052	1. 1973	1. 1125	1. 0662	1. 1862
2006~2007	1. 1932	0. 9984	1. 1914	1. 2478	1. 0294	1. 2846	1. 0031	1. 1648	1. 1684	1. 1612	0. 9651	1. 1207
2007~2008	0. 9933	0. 9731	0. 9666	1. 0213	0. 9556	0. 9759	0. 9816	0. 9809	0. 9629	0. 9750	0. 9846	0. 9600
2008~2009	0. 8267	0. 9864	0. 8154	0. 8189	1. 0329	0. 8458	0. 9965	0. 8315	0. 8286	0. 8311	0. 9349	0. 7770
2009~2010	1. 1779	1. 0650	1. 2545	1. 2519	1. 0078	1. 2616	1. 0625	1. 1524	1. 2244	1. 1262	1. 1274	1. 2696
2010~2011	1. 0481	0. 9997	1. 0477	1. 1563	1. 0068	1. 1641	1. 0116	0. 9348	0. 9456	1. 0325	0. 9841	1. 0161

续表

时间	全国			东部			中部			西部		
	TC	EC	MPI	TC	EC	MPI	TC	EC	MPI	TC	EC	MPI
2011~2012	1.0268	0.9947	1.0214	1.0633	0.9610	1.0218	0.9930	0.9733	0.9665	1.0310	1.0308	1.0627
2012~2013	1.0403	0.9924	1.0325	1.0825	0.9602	1.0394	0.9860	0.9846	0.9708	1.0407	1.0306	1.0724
2013~2014	0.9964	1.0386	1.0348	1.0031	0.9820	0.9851	0.9654	0.9714	0.9378	1.0122	1.1411	1.1551
2014~2015	0.8886	0.9497	0.8440	0.8713	0.9951	0.8670	0.8692	1.0077	0.8759	0.9201	0.8669	0.7976
2015~2016	1.0276	0.9772	1.0042	1.0668	0.9904	1.0566	1.0037	0.9738	0.9773	1.0059	0.9657	0.9714
2016~2017	0.9429	1.0205	0.9622	0.9658	0.9978	0.9637	0.9195	1.0602	0.9749	0.9369	1.0155	0.9514
2017~2018	0.9628	0.9849	0.9482	0.9658	0.9982	0.9640	0.9602	0.9779	0.9389	0.9617	0.9766	0.9392
2018~2019	1.0027	1.0104	1.0132	1.0580	0.9866	1.0438	0.9658	1.0231	0.9880	0.9744	1.0271	1.0008
2019~2020	0.7540	1.1021	0.8310	0.7301	1.0998	0.8030	0.7625	1.0901	0.8312	0.7717	1.1130	0.8589
2020~2021	1.3357	1.0020	1.3383	1.4395	1.0074	1.4502	1.2566	1.0293	1.2935	1.2894	0.9764	1.2590
均值	1.0006	1.0076	1.0068	1.0297	1.0024	1.0006	0.9967	1.0079	1.0014	0.9825	1.0097	0.9908
标准差	0.1789	0.0371	0.1770	0.1916	0.0343	0.1789	0.0860	0.1849	0.1906	0.1753	0.0638	0.1815
变异系数	0.1823	0.0375	0.1793	0.1898	0.0349	0.1873	0.0880	0.1871	0.1941	0.1820	0.0644	0.1869

注：表中各项指标减 1 为各指标增长率。

地区的全要素生产率在考察期内均出现了上升。其中，三大地区的技术进步变动指数出现了上升，分别上升了 0.6409、0.1445 和 0.4014，与此同时，东部和中部地区的技术效率变动指数均出现了上升，分别上升了 0.0334 和 0.2203，而西部地区的技术效率变动指数下降了 0.0578。从整个考察期各指标均值看，只有东部地区的全要素生产率的提高是技术效率变动指数和技术进步变动指数共同提高所带来的，中部和西部地区的全要素生产率虽出现上升，但这种上升是由中部和西部地区的技术效率变动带来的。

从全国及东、中、西部三大地区的内部差异看，全国及三大地区人力资本投资全要素生产率的标准差分别为 0.1770、0.1789、0.1906 和 0.1815，表明中部地区人力资本投资的全要素生产率的内部差距最大，西部地区的内部差距小于中部地区，其次是全国和东部地区的内部差异。同时，三大地区的人力资本投资的全要素生产率的变异系数相差不大，说明全国范围内的人力资本投资全要素生产率的差异是三大地区内部效率差异共同作用的结果。

4.6 本章小结

首先，确定测算人力资本投资效率的投入和产出指标，包括两个投入指标和五个产出指标。

其次，对投入和产出指标的现状进行分析，并采用典型相关分析方法测算了我国人力资本投资的投入产出弹性，发现人力资本投资的资金投入和人员投入对受教育年限增量的产出弹性是最大的。

再次，借助超效率 DEA 模型对我国人力资本投资效率进行了测算，发现考察期内大部分省份的人力资本投资效率均出现提升，其中，中部和西部地区效率增长幅度高于东部，全国范围内的效率差异主要是由地区之间的效率差异造成的。

最后，通过 Malmquist 指数模型对人力资本投资的全要素生产率进行测算，发现考察期内我国人力资本投资的全要素生产率均呈现上升趋势，其中技术效率的提高是人力资本投资全要素生产率上升的主要原因。

5 我国居民收入分配现状

改革开放以来，我国居民收入得以不断提高，城乡、地区、行业、不同所有制企业中的居民收入均有所提高。伴随我国居民收入持续增长的是诸多形式的收入分配差距的扩大。这些收入差距的存在已经影响了我国经济的持续、健康发展。本章将对我国居民收入的变动情况进行分析，同时对我国全体居民、东部、中部、西部、城镇和乡村内部、城乡之间及不同所有制企业之间的收入差距现状进行分析。

5.1 我国居民收入现状

随着国民经济的发展，居民收入得以持续增长，这种收入增长主要表现在总收入、城乡、地区、行业、不同所有制企业等方面。

5.1.1 居民总收入变动

从我国居民总收入看，全国居民人均可支配收入从 1995 年的 2363 亿元增加为 2021 年的 35128 元，27 年间增长近 15 倍，实现 11%的年均增长速度，同期内人均国内生产总值（人均 GDP）从 1995 年的 5091 元增长为 2021 年的 80976 元，增长了 15.9 倍，年均增速则达到 11.1%，表明我国居民可支配收入与人均 GDP 均呈现出快速增长趋势，广大居民的收入水平与国民经济发展保持同步，如表

5-1 所示。

表 5-1　1995~2021 年全国人均可支配收入与人均 GDP 变化　　单位：元

年份	人均可支配收入	人均 GDP	年份	人均可支配收入	人均 GDP
1995	2363	5091	2009	10977	26180
1996	2814	5898	2010	12520	30808
1997	3070	6481	2011	14551	36277
1998	3254	6860	2012	16510	39771
1999	3485	7229	2013	18311	43497
2000	3721	7942	2014	20167	46912
2001	4070	8717	2015	21966	49922
2002	4532	9506	2016	23821	53783
2003	5007	10666	2017	25974	59592
2004	5661	12487	2018	28228	65534
2005	6385	14368	2019	30733	70328
2006	7229	16738	2020	32189	72000
2007	8584	20494	2021	35128	80976
2008	9957	24100			

数据来源：《中国统计年鉴》（1996~2022）。

5.1.2　地区与城乡收入变动

随着我国经济的不断发展，不同地区的经济发展水平出现差异，使得不同地区的人均收入的增长出现差异。在全国及三大地区的人均收入中，东部地区的人均收入最高，全国其次，再次是中部地区，西部地区最低，四者的比值也从 1995 年的 1.34∶1.76∶1.16∶1 上升为 2006 年的 1.46∶2.03∶1.16∶1，然后开始下

降，2021 年下降为 1.24：1.53：1.03：1，说明各地区之间的收入差距逐渐缩小。从全国及三大地区的城镇居民可支配收入看，东部地区的可支配收入最高，其次是全国的可支配收入，再次是中部地区，最低的为西部地区，2005 年前，西部地区城镇居民的可支配收入是高于中部地区的，而这之后是中部高于西部地区，四者比值也呈现出先上升后下降的趋势，从 1995 年的 1.13：1.35：0.96：1 上升为2006 年的 1.26：1.53：1.01：1，2016 年，中部地区低于西部地区，2021 年，四者比值变化为 1.17：1.36：0.98：1。从农村居民纯收入看，仍然呈现出东部地区、全国、中部地区和西部地区的高低排序，四者的比值从 1995 年的 1.42：1.95：1.23：1 上升为 2006 年的 1.42：1.97：1.29：1，之后开始下降，2021 年下降为 1.22：1.51：1.15：1。在全国及三大地区居民人均收入的年均增速方面，西部地区最高，全国其次，中部地区高于东部地区，城镇居民收入的年均增速是东部地区高于全国，全国高于中部地区，西部地区最低。农村居民收入的年均增速方面，中部地区最高，其次是西部地区，再次是全国，最低的则为东部地区。如表 5-2 所示。

5.1.3 城乡居民收入来源变动

随着我国经济实力的不断增强，城乡居民收入不断提高。1995~2021 年，我国城镇居民人均可支配收入从 1995 年的 4283 元增长到 2021 年的 47412 元，27 年间增长了 11 倍，年均增速为 10%，而同期农村居民的人均纯收入从 1995 年的 1578 元增长到 2021 年的 18931 元，增长了 12 倍，年均增速为 10.1%，如表 5-3 所示。

从表 5-3 来看，在城镇居民总收入构成中，工资收入和转移收入在总收入中占绝对份额，其中，工资收入比重在考察期内虽出现下降，但其占比在 2021 年仍然超过 60%，而经营收入和财产收入比重却逐年上升，说明城镇居民的收入来源呈现多元化趋势。农村居民收入则主要由家庭经营收入和工资收入构成，两者占比约从 1995 年的 94%下降到 2021 年的 77%，其中，经营收入占比从 1995 年的 71%下降为 2021 年的 35%，而工资收入由 22%上升为 42%，主要原因在于农村集体经济的快速发展以及农村劳动力向城市流动，使得农民的主要收入来源发生了较大的变化。

表 5-2 1995~2021 年全国及三大地区居民收入

单位：元

年份	全国			东部地区			中部地区			西部地区		
	平均	城镇	农村	平均	城镇	农村	平均	城镇	农村	平均	城镇	农村
1995	2245	4283	1578	2957	5124	2206	1940	3637	1393	1673	3774	1133
1996	2660	4839	1926	3471	5786	2656	2330	4090	1748	1994	4281	1386
1997	2933	5160	2090	3839	6331	2882	2561	4370	1941	2191	4583	1539
1998	3066	5425	2162	3990	6543	3020	2659	4516	2005	2347	4879	1638
1999	3419	5854	2210	3635	7115	2296	3709	4855	3297	2800	5261	2092
2000	3901	6280	2253	5352	7940	3137	3108	5217	2071	2822	5642	1685
2001	3690	6860	2366	4972	8616	3377	3058	5636	2170	2670	6088	1753
2002	3988	7703	2476	5369	9369	3553	3323	6377	2280	2858	6611	1851
2003	4331	8472	2622	5880	10428	3778	3570	7030	2369	3077	7146	1958
2004	4838	9422	2936	6542	11659	4173	4027	7820	2710	3409	7952	2181
2005	6549	10493	3255	9023	12961	4523	5234	8752	2977	4595	8770	2389
2006	7392	11759	3587	10172	14508	4971	5940	9819	3312	5135	9717	2589
2007	8608	13786	4140	11641	16493	5626	7027	11442	3878	6105	11345	3033
2008	9932	15781	4761	13293	18686	6365	8161	13003	4504	7158	13007	3524
2009	10919	17175	5153	14580	20392	6889	8950	14135	4845	7920	14221	3819
2010	12638	19109	5919	16832	22820	7842	10168	15683	5598	9132	15777	4429

续表

年份	全国			东部地区			中部地区			西部地区		
	平均	城镇	农村	平均	城镇	农村	平均	城镇	农村	平均	城镇	农村
2011	14742	21810	6977	19428	25906	9291	11984	17994	6655	10795	18113	5277
2012	16857	24565	7917	22019	29041	10488	13772	20348	7581	12543	20557	6055
2013	18633	26955	8896	23723	30735	11741	15675	22382	9059	14270	22341	7401
2014	20571	28844	10489	26049	33414	13008	17373	24412	10091	15881	24346	8263
2015	22503	31195	11422	28387	36051	14185	19024	26420	10958	17521	26415	9064
2016	24545	33616	12363	30896	38887	15354	20705	28419	11818	19250	28546	9883
2017	26845	36396	13432	33696	42081	16675	22648	30740	12803	21183	30913	10790
2018	29255	39251	14617	36632	45428	18108	24712	33145	13930	23178	33312	11787
2019	31924	42359	16021	39834	49069	19782	27018	35811	15247	25414	35974	12978
2020	34163	43834	17132	42311	51007	21173	28512	36815	16209	27453	37464	14036
2021	37332	47412	18931	46162	55219	23460	31153	39780	17853	30069	40492	15525

数据来源：《中国统计年鉴》（1996~2022）。

表 5-3　1995~2021 年全国城镇和农村居民收入构成　　单位：元

年份	城镇居民					农村居民				
	可支配收入	工资收入	经营收入	财产收入	转移收入	纯收入	工资收入	经营收入	财产收入	转移收入
1995	4283	3220	224	109	735	1578	354	1126	41	57
1996	4845	3611	291	117	826	1926	454	1362	43	70
1997	5188	3736	350	124	978	2090	514	1473	79	24
1998	5458	3806	436	133	1083	2162	574	1466	92	30
1999	5889	4008	495	129	1257	2210	630	1448	100	32
2000	6317	4083	644	128	1462	2253	702	1427	45	79
2001	6907	4376	728	135	1669	2366	772	1460	47	88
2002	8177	5740	332	102	2003	2476	840	1487	51	98
2003	9061	6410	404	135	2112	2622	918	1541	66	97
2004	10129	7153	494	161	2321	2936	998	1746	77	116
2005	11321	7798	680	193	2651	3255	1175	1845	88	147
2006	12719	8767	810	244	2899	3587	1375	1931	101	181
2007	14909	10235	941	349	3385	4140	1596	2194	128	222
2008	17068	11299	1454	387	3928	4761	1854	2436	148	323
2009	18858	12382	1529	432	4515	5153	2061	2527	167	398
2010	21033	13708	1714	520	5092	5919	2431	2833	202	453
2011	23979	15412	2210	649	5709	6977	2963	3222	229	563
2012	26959	17336	2548	707	6368	7917	3447	3533	249	687
2013	29547	18930	2797	810	7010	8896	4025	3793	293	784
2014	28844	17937	3279	2812	4816	10489	4152	4237	222	1877
2015	31195	19337	3476	3042	5340	11422	4600	4504	252	2066
2016	33616	20665	3770	3271	5910	12363	5022	4741	272	2328
2017	36396	22201	4065	3607	6524	13432	5498	5028	303	2603
2018	39251	23792	4443	4028	6988	14617	5996	5358	342	2921
2019	42359	25565	4840	4391	7563	16021	6584	5762	377	3298
2020	43834	26381	4711	4627	8116	17132	6974	6077	419	3661
2021	47412	28481	5392	5052	8497	18931	7958	6566	469	3937

数据来源：《中国统计年鉴》（1996~2022）。

5.1.4　不同所有制企业收入变动

从不同所有制①企业的职工工资看（见表 5-4），1995 年，其他单位职工工

① 按历年《中国统计年鉴》中分类，可以分为国有单位、城镇集体单位和其他单位。其中其他单位包括股份合作单位、联营单位、有限责任公司、股份有限公司、港澳台商投资单位及外商投资单位等其他等级注册类型单位。

资为7728元，高于国有单位的5553元和城镇集体单位的3934元，且2005年前其他单位的职工工资收入要高于国有单位和城镇集体单位，而2005年后，国有单位职工工资收入超过城镇集体单位和其他单位职工工资收入，2021年，国有单位职工工资达到115583元，高于其他单位的106837元和城镇集体单位的74491元。从不同所有制单位职工平均收入差额看，国有单位和城镇集体单位职工收入的差额呈逐年上升趋势，其差额已经从1995年的1619元上升为2021年的41092元，而其他单位与城镇集体单位职工收入的差额则从1995年的3794元上升为2021年的32346元，其差额的上涨幅度低于国有单位与城镇集体单位职工收入差额的上涨幅度。国有单位和其他单位职工工资的差额从1995年的2175元迅速缩小，并在2006年开始发生反转，其收入差额在之后呈现扩大趋势，2021年两者差额为8746元。从收入的年均增速看，国有单位职工平均工资的年均增速为12.4%，城镇集体单位的增速为12%，而其他单位增速仅为10.6%。如表5-4所示。

表5-4　1995~2021年全国不同所有制企业职工平均工资　　单位：元

年份	国有单位	城镇集体单位	其他单位	年份	国有单位	城镇集体单位	其他单位
1995	5553	3934	7728	2009	34130	20607	31350
1996	6207	4312	8521	2010	38359	24010	35801
1997	6679	4516	9092	2011	43483	28791	41323
1998	7579	5314	9241	2012	48357	33784	46360
1999	8443	5758	10142	2013	52657	38905	51453
2000	9441	6241	11238	2014	57296	42742	56360
2001	11045	6851	12437	2015	65296	46607	62029
2002	12701	7636	13486	2016	72538	50527	67569
2003	14358	8627	14843	2017	81114	55243	74318
2004	16445	9723	16519	2018	89474	60664	82413
2005	18978	11176	18362	2019	98899	62612	90501
2006	21706	12866	21004	2020	108132	68590	97379
2007	26100	15444	24271	2021	115583	74491	106837
2008	30287	18103	28552				

数据来源：《中国统计年鉴》（1996~2022）。

5.2 我国居民收入差距现状

随着居民收入的不断增长，地区、行业、城乡之间的收入差距逐渐拉大，这已经成为人们关注的一个重要问题，而要对各种形式的收入差距进行较为精确的测算，需要了解各种收入差距测算方法。

5.2.1 收入差距的测算方法

目前学术界测量收入差距的指标有很多，本书采用的指标为极差、极差率和泰尔指数。

5.2.1.1 极差

极差（R）是一组观测值内极大值和极小值之差，其计算公式如下：

$$R=x_{\max}-x_{\min} \tag{5-1}$$

极值表示观测值变动的最大范围，是测量观测值变动的最简单指标。由于极差仅使用到观测值中的两个极值，但计算极为简单，因而仅适用于样本量较小的情况。

5.2.1.2 极差率

极差率又称为差距系数，指样本中的最大值与最小值的比，计算公式如下：

$$I_r=X_{\max}/X_{\min} \tag{5-2}$$

式中，I_r 为极差率，$X_{\max}$、$X_{\min}$ 分别为样本中的最高收入和最低收入。I_r 越大，说明样本间的收入差距越大，反之则收入差距越小。

5.2.1.3 泰尔指数

泰尔指数最早是由 Theil 等在 1967 年首先提出的，这是将信息熵理论运用于收入差距研究后提出的一种新的测度指数。

其基本计算公式如下：

$$T=\frac{1}{n}\sum_{i=1}^{n}\frac{y_i}{\bar{y}}\log\frac{\frac{1}{n}\sum_{i=1}^{n}y_i}{y_i} \tag{5-3}$$

式中，n 表示地区数，y_i 表示第 i 地区的人均收入，$\bar{y}$ 表示所有地区的平均收入。通常而言，泰尔指数值越大，表示收入差距越大，反之则收入差距越小。

泰尔指数可以将总体的收入差距分解为各个部分间的差距和各个部分内部的差距，从而分别计算出各个部分间和各个部分内部的差距对总体差距的贡献率。按照泰尔指数的分解方法，可以分析我国省际之间的收入差距。设 E、M、W 分别表示东、中、西部三大地区，f_i、r_i 分别表示第 i 个省份的收入总额和人口数，而 F_i、R_i 则分别表示第 i 个省份的收入总额在全国总额中的比重和人口数在全国总人口中的比重，则有：

$$F_E = \sum_E F_i \qquad R_E = \sum_E R_i \tag{5-4}$$

式中，F_E 表示东部地区的居民收入总额在全国收入总额中的比重，R_E 表示东部地区总人口在全国总人口中的比重，$\sum_E$ 表示对东部地区各省份求和，则东部地区人均收入差距指标为：

$$I_E = \sum_E r_{Ei} \ln(P_E/P_i) \tag{5-5}$$

式中，r_{Ei} 为第 i 个东部省份人口数在东部地区人口中所占的比重，P_E 表示东部地区的人均收入，P_i 则表示第 i 个东部省份的人均收入，则有：

$$r_{Ei} = R_i/R_E$$

$$P_E = (\sum_E f_i)/(\sum_E r_i) = (F\sum_E F_i)/(R\sum_E R_i) = (F/R)(F_E/R_E)$$

$$P_i = f_i/r_i = (FF_i)/(RR_i) = (F/R)/(F_i/R_i) \tag{5-6}$$

则有：

$$I_E = \sum_E (R_i/R_E)\ln(F_E R_i)/(F_i/R_E)$$

同理可得：

$$I_M = \sum_M (R_i/R_M)\ln(F_M R_i)/(F_i/R_M)$$

$$I_W = \sum_W (R_i/R_W)\ln(F_W R_i)/(F_i/R_W) \tag{5-7}$$

式中，I_E、I_M、I_W 分别表示东、中、西部地区人均收入差异的指标，以三大地区的人口数为权数，可以得到三大地区间的不均等指标：

$$I_1 = R_E \ln(R_E/F_E) + R_M \ln(R_M/F_M) + R_W \ln(R_W/F_W) \tag{5-8}$$

则总的不均等指标为：

$I=I_1+R_EI_E+R_MI_M+R_WI_W$

同时，泰尔指数可以分别测算不同地区对总体收入差距的贡献率，具体如下：

$1=I_1/I+R_EI_E/I+R_MI_M/I+R_WI_W/I$

式中，I_1/I 为地区之间的不均等对总体不均等的贡献率，R_EI_E/I、R_MI_M/I、R_WI_W/I 则为东、中、西部三大地区对总体收入不均等的贡献率。

泰尔指数与基尼系数的不同之处在于：泰尔指数只具有相对意义，而无基尼系数的绝对意义，它的大小仅表明考察期内各地区收入差异性的大小，指数越大，表示收入差异越大，反之差异越小。同时，泰尔指数还可以分析出各个不同地区之间的差距对总体差距的贡献大小。

5.2.2 收入差距的测算结果

综合比较测算收入差距的各种方法后，本书采用泰尔指数对全国及东、中、西部地区的收入差距进行测算，采用极差和极差率测算城乡内部以及城乡间的收入差距，采用泰尔指数和极差率对我国不同行业的收入差距进行测算。

5.2.2.1 全国及东、中、西部地区收入差距

由于泰尔指数能较为准确且全面地说明我国三大地区间与三大地区内部人均收入的差距程度，且可以说明三大地区内部的收入差距和三大地区间的收入差距对全国居民收入差距的贡献份额，因而本书采用泰尔指数对全国及东、中、西部地区经济带的收入差距进行测算。具体计算结果如表 5-5 所示。

表 5-5　1995~2021 年全国及三大地区人均收入的泰尔指数

年份	I	$I-I_1$	I_1	I_E	I_M	I_W
1995	0.0535	0.0232	0.0303	0.0413	0.0134	0.0112
1996	0.0484	0.0202	0.0282	0.0372	0.0106	0.0092
1997	0.0805	0.0515	0.0290	0.0361	0.0097	0.1207
1998	0.0771	0.0502	0.0269	0.0337	0.0084	0.1206
1999	0.0666	0.0594	0.0072	0.0414	0.0194	0.1294
2000	0.0983	0.0554	0.0428	0.0513	0.0070	0.1177

续表

年份	I	$I-I_1$	I_1	I_E	I_M	I_W
2001	0. 0916	0. 0538	0. 0378	0. 0491	0. 0085	0. 1135
2002	0. 0923	0. 0541	0. 0382	0. 0486	0. 0104	0. 1131
2003	0. 0966	0. 0559	0. 0407	0. 0514	0. 0120	0. 1138
2004	0. 0963	0. 0560	0. 0402	0. 0523	0. 0116	0. 1136
2005	0. 0971	0. 0512	0. 0459	0. 0476	0. 0043	0. 1107
2006	0. 0968	0. 0505	0. 0462	0. 0460	0. 0030	0. 1119
2007	0. 0899	0. 0488	0. 0411	0. 0420	0. 0019	0. 1125
2008	0. 0861	0. 0481	0. 0380	0. 0389	0. 0015	0. 1150
2009	0. 0853	0. 0479	0. 0374	0. 0378	0. 0013	0. 1160
2010	0. 0856	0. 0471	0. 0385	0. 0374	0. 0013	0. 1157
2011	0. 0819	0. 0464	0. 0355	0. 0350	0. 0010	0. 1170
2012	0. 0785	0. 0455	0. 0330	0. 0327	0. 0009	0. 1172
2013	0. 0720	0. 0456	0. 0264	0. 0343	0. 0011	0. 1148
2014	0. 0703	0. 0452	0. 0251	0. 0334	0. 0011	0. 1146
2015	0. 0688	0. 0447	0. 0241	0. 0323	0. 0012	0. 1141
2016	0. 0684	0. 0448	0. 0236	0. 0319	0. 0015	0. 1145
2017	0. 0678	0. 0449	0. 0229	0. 0316	0. 0018	0. 1148
2018	0. 0675	0. 0451	0. 0224	0. 0317	0. 0020	0. 1153
2019	0. 0671	0. 0454	0. 0217	0. 0318	0. 0024	0. 1156
2020	0. 0670	0. 0457	0. 0212	0. 0302	0. 0023	0. 1180
2021	0. 0668	0. 0459	0. 0210	0. 0303	0. 0027	0. 1179

注：数据不包括西藏自治区。

由表 5-5 可以看出全国及三大地区间居民收入差距的变化趋势。全国居民收入差距在 1995~2005 年呈现出缩小趋势，从 0. 0535 上升到 0. 0971，而 2005 年后则呈逐年下降趋势，下降到 2021 年的 0. 0668，这与国家统计局公布的历年居民收入基尼系数的变化趋势相同，都呈现出先上升后下降的变化趋势。东、中、西部三大地区之间的居民收入差距（I_1）变化趋势与全国的变化趋势相同，先从 1995 年的 0. 0303 上升到 2006 年的 0. 0462，然后逐渐下降，2021 年已经下降到 0. 0210。而地区内部的收入差距（$I-I_1$）呈现先上升后下降的变化态势，从 1995

年的 0.0232 上升为 2004 年的 0.0560，然后缓慢下降，2021 年已经下降到 0.0459。而在整个考察期内，三大地区内部的居民收入差距始终高于三大地区间的居民收入差距。从三大地区内部的收入差距看，西部地区内部的居民收入差距最大，东部地区次之，最小的为中部地区。三大地区间和三大地区内部的居民收入差距程度相比，地区内部的居民收入差距一直大于不同地区之间的居民收入差异。

泰尔指数可以考察三大地区之间和三大地区内部的居民收入差距对全国居民收入差距的贡献情况，因而本书对它们的贡献程度进行了测算，结果如表 5-6 所示。

表 5-6　三大地区之间及其内部收入差距对总体收入差距的贡献率　单位：%

年份	I_1	I_E	I_M	I_W
1995	56.62	29.20	8.53	5.65
1996	58.48	27.67	8.18	5.67
1997	60.15	26.52	7.03	6.30
1998	60.97	26.14	6.16	6.73
1999	59.32	28.52	5.60	6.56
2000	60.32	28.33	5.22	6.14
2001	58.80	28.78	5.88	6.53
2002	58.87	27.85	7.10	6.18
2003	58.38	28.23	7.32	6.08
2004	58.11	28.66	7.16	6.07
2005	61.97	24.49	7.24	6.31
2006	70.61	20.04	4.82	4.53
2007	70.92	19.27	4.69	5.12
2008	71.04	18.80	4.80	5.37
2009	71.00	18.69	4.90	5.41
2010	70.37	17.21	4.18	8.25
2011	69.64	16.80	4.38	9.19
2012	70.23	17.20	4.46	8.12
2013	69.11	16.83	4.83	9.23
2014	68.32	17.21	4.91	9.56
2015	68.11	16.74	4.72	10.43
2016	67.51	17.15	4.81	10.53

续表

年份	I_1	I_E	I_M	I_W
2017	67.17	17.31	4.52	11.00
2018	67.41	17.18	4.71	10.70
2019	66.75	17.59	4.67	10.99
2020	66.53	17.71	4.51	11.25
2021	66.31	17.25	4.37	12.07

注：数据不包括西藏自治区。

由表5-6可知，在整个考察期内，三大地区间的居民收入差距对全国居民总体收入差距的贡献呈现出先上升后下降的变化趋势，从1995年的56.62%上升为2008年的71.04%之后开始下降，2021年已经下降到66.31%，说明由三大地区间经济实力的差距造成的居民收入差距是导致居民收入差距的主要原因。此外，东部地区和中部地区内部的居民收入差距对全国居民总体收入差距的贡献率在考察期内呈现出下降趋势，而同期内，西部地区内部的居民收入差距对全国居民总体收入差距的贡献率出现上升。从贡献率变化的速度看，虽然中部地区的贡献率最小，但其年均下降速度最快，达到4.1%，而三大地区间贡献率增长了10.31%。虽然三大地区间和三大地区内部居民收入差距的贡献率呈现出不同变化趋势，但从贡献大小看，仍然是三大地区间的贡献最大，其次是东部地区，再次是西部地区，贡献率最小的是中部地区。

5.2.2.2 城镇和农村内部收入差距

根据极差和极差率的计算公式，本书分别对全国的城镇居民可支配收入和农村居民纯收入的极差与极差率进行测算，结果如表5-7所示。

表5-7 1995~2021年全国城镇和农村内部居民收入差距

年份	城镇		农村	
	极差（元）	极差率	极差（元）	极差率
1995	4576	2.60	3365	4.82
1996	4825	2.44	3746	4.40
1997	4969	2.38	4092	4.45
1998	4830	2.20	4175	4.39
1999	6589	2.52	4100	4.13

续表

年份	城镇		农村	
	极差（元）	极差率	极差（元）	极差率
2000	6994	2.48	4266	4.21
2001	7616	2.45	4467	4.18
2002	7306	2.23	4761	4.26
2003	8337	2.28	5089	4.25
2004	9465	2.31	5345	4.10
2005	10655	2.33	6371	4.39
2006	11797	2.33	7154	4.60
2007	13610	2.36	7816	4.36
2008	15705	2.43	8716	4.20
2009	16908	2.42	9503	4.19
2010	18650	2.41	10553	4.08
2011	21242	2.42	12144	4.11
2012	23031	2.34	13297	3.95
2013	25005	2.26	13620	3.44
2014	27038	2.24	14915	3.38
2015	29195	2.23	16269	3.35
2016	31998	2.25	18064	3.42
2017	35150	2.28	19749	3.45
2018	38842	2.33	21571	3.45
2019	42904	2.39	23566	3.45
2020	45323	2.46	24567	3.37
2021	48783	2.45	27088	3.37

数据来源：《中国统计年鉴》（1996~2022）。

从表5-7中可以看出，我国各省份城镇居民内部的收入差距在1998~2021年呈先下降后上升再下降的变化趋势，其中，城镇居民收入的极差率先从1995年的2.60下降为2002年的2.23，然后开始上升，2008年上升为2.43，后开始下降，2015年降为2.23，之后开始小幅上升，2021年变为2.45。农村居民收入的极差率总体呈现出逐年下降趋势，从1995年的4.82下降到2021年的3.37。从城乡居民内部的收入极差看，两者的极差均呈现出逐年扩大趋势，其中城镇居民内部的收入极差远高于农村内部居民的收入极差。从城乡内部居民的收入极差率的大小看，历年城镇的极差率始终小于农村的极差率，说明城镇居民的收入差距状况要好于农村居民的收入差距状况。

5.2.2.3 城乡居民收入差距

在不考虑物价对城乡居民收入影响的情况下，我国农村居民的人均纯收入始终低于城镇居民人均可支配收入，1995 年，我国农村居民人均纯收入仅为 1578 元，而城镇居民的人均可支配收入为 4283 元，后者是前者的 2.71 倍，两者差额为 2705 元，2021 年，两者的收入分别为 18931 元和 47412 元，后者是前者的 2.5 倍，差额则变为 28481 元，如表 5-8 所示。

表 5-8 1995~2021 年全国城乡居民收入差距 单位：元

年份	城镇居民人均可支配收入	农村居民人均纯收入	城乡居民收入极差	城乡居民收入极差率
1995	4283	1578	2705	2.71
1996	4839	1926	2913	2.51
1997	5160	2090	3070	2.47
1998	5425	2162	3263	2.51
1999	5854	2210	3644	2.65
2000	6280	2253	4027	2.79
2001	6860	2366	4494	2.90
2002	7703	2476	5227	3.11
2003	8472	2622	5850	3.23
2004	9422	2936	6486	3.21
2005	10493	3255	7238	3.22
2006	11759	3587	8172	3.28
2007	13786	4140	9646	3.33
2008	15781	4761	11020	3.31
2009	17175	5153	12022	3.33
2010	19109	5919	13190	3.23
2011	21810	6977	14833	3.13
2012	24565	7917	16648	3.10
2013	26955	8896	18059	3.03
2014	28844	10489	18355	2.75

续表

年份	城镇居民 人均可支配收入	农村居民 人均纯收入	城乡居民 收入极差	城乡居民 收入极差率
2015	31195	11422	19773	2. 73
2016	33616	12363	21253	2. 72
2017	36396	13432	22964	2. 71
2018	39251	14617	24634	2. 69
2019	42359	16021	26338	2. 64
2020	43834	17132	26702	2. 56
2021	47412	18931	28481	2. 50

数据来源：《中国劳动统计年鉴》（1996~2022）。

从城镇和农村居民人均收入的极差看，两者的差额自 1995 年以来一直在持续上升，在 2008 年突破 1 万元，且两者收入的绝对差距呈现出逐年扩大的趋势。从城乡居民人均收入的极差率看，其变化趋势是先扩大，2007 年前后达到最高的 3. 33，之后开始缓慢下降，2021 年下降为 2. 50，说明城乡收入差距呈现出一种先扩大后缩小的变化趋势。

5.3 本章小结

首先，对居民总收入以及城乡、地区的居民收入变化进行分析后发现：居民可支配收入总额的年均增速与国民总收入的年均增速相当；城镇居民的收入增加额和年均增速均要快于农村居民；而东部地区的收入要高于中部和西部地区。

其次，采用收入差距测算指标对地区、行业和城乡间和城乡内的居民收入差距进行测算，结果显示：我国的地区居民收入差距呈现出先扩大后缩小的趋势，其中三大地区间的收入差距是造成全国居民收入差距的主要原因，而东、中、西部三大地区内部的收入差距则是西部收入差距最大，中部最小；城镇居民内部的收入差距状况要好于农村居民内部的收入差距状况；城乡居民之间的收入差距均呈现先扩大后缩小的趋势。

6　我国人力资本与居民收入分配效应分析

由人力资本理论可知，人力资本水平和质量会对居民收入状况产生影响，人力资本的差异会对居民收入差距产生影响。因而，本章将从人力资本水平、人力资本投资效率和人力资本分布结构角度出发，分别考察人力资本投资水平、人力资本投资效率和人力资本分布结构与居民收入和收入差距之间的关系，以发现其中的内在联系。

6.1　人力资本与居民收入分配的作用机理

6.1.1　人力资本投资及其效率与居民收入

在教育、医疗卫生和培训方面的投资可以提高人力资本水平进而提高收入水平。通过对教育和培训进行投资，可以提升个人劳动技能，提高其劳动生产率，增强其在劳动力市场中的个人竞争力，增加就业机会，从而有效提高劳动者收入。对医疗卫生进行的投资，可以提高个人身体素质，增加其获得工作机会的概率，从而提高个人收入。较高的人力资本投资效率将会在相同的人力资本投资情况下获得更高的产出，即在对教育、医疗卫生和培训方面投入相同的情况下，可以获得更多的劳动技能、更好的身体素质，从而更容易得到收入较高的工作岗位，进而获得更高的收入。而居民收入的提高会激励个人加大对教育、医疗卫生和培训的投资力度，进而使人力资本投资水平得到提升，最终呈现出人力资本投资→人力资本水平→更好的就业机会和就业质量→更高的收入水平→更多人力资本投资的循环模式。

6.1.2 人力资本分布结构与居民收入差距

一般而言，随着人力资本的提高，劳动者的收入会提高。由于人力资本投资水平在不同地区和行业中存在差异，造成不同劳动者获得收入能力不同，从而对劳动者收入差距产生影响，具体作用形式有以下几种：

首先，对劳动者收入差距的马太效应。一般而言，收入较高的地区对劳动者人力资本水平要求高且就业机会多，而收入较低的地区对劳动者的人力资本水平要求低且就业机会较少，从而使得不同地区劳动者的收入产生差距；同时人力资本水平较高的劳动者更易理解和掌握新知识与新技能，使得其获取收入的能力更高，从而拉大了其与人力资本水平较低的劳动者之间的收入差距，最终使得由人力资本差异所带来的收入差距逐渐拉大，形成收入差距的马太效应。

其次，对收入差距的缓解效应。收入较高的行业和地区对人力资本要求较高，吸引劳动者加大对人力资本的投资以进入收入较高的行业和地区，这提升了劳动者的人力资本水平，进而缩小了劳动者之间的收入差距；同时随着社会人力资本总水平的提高，劳动者的收入将主要取决于其人力资本水平，其他非人力资本因素对劳动者收入的影响变小，从而有效地缓解了劳动者的收入差距。

人力资本的分布结构会对收入差距产生影响，而收入差距同样会对人力资本的分布产生影响。

首先是扩张效应。由于行业和地区间存在收入差距，使得劳动者从收入较低的行业和地区流动到收入较高的行业和地区，这种跨行业和地区的劳动力流动会加剧人力资本在行业和地区之间的分布不均等。

其次是缓解效应。由于人力资本是提高劳动者收入的重要途径，政府会加大对落后地区的人力资本投入，这有效地提高了落后地区劳动者的人力资本水平，同时落后地区通过承接产业转移，使得落后地区的劳动者实现了在当地就业，从而有效减少了劳动者的跨地区流动，最终缓解了人力资本分布不均等。

6.2 人力资本投资及其效率与居民收入的动态关系

研究发现，人力资本投资是影响居民收入的极为重要的一个因素，而居民收入高低会影响到其人力资本投资的力度。同时，在人力资本投资相同时，人力资本投资效率的高低会对居民人均收入水平产生重要影响。因此，人力资本投资及其效率与居民人均收入间存在着较为复杂的关系，至于它们之间具体呈现出何种关系，本书通过实证模型分别考察人力资本投资及其投资效率与居民收入间的关系。

6.2.1 数据说明

本部分所使用的变量主要有：$\ln Y_{i,t}$ 为全国居民的人均收入，该指标为城镇居民可支配收入和农村居民纯收入的加权平均收入，同时为消除通货膨胀对收入的影响，采用历年各省份的物价指数进行消长处理，数据源自第 5 章计算结果。$\ln HC_{i,t}$ 为全国人均人力资本投资，该指标采用各省份人力资本投资与其人口数据计算，用于表示全国的人力资本状况，数据源自第 3 章计算结果。$EF_{i,t}$ 为全国的人力资本投资效率值，该指标为利用各省份与人力资本投资相关的各种投入和产出变量，使用超效率 DEA 模型计算而出，数据源自第 4 章计算结果。

6.2.2 模型选择及分析

6.2.2.1 数据平稳性检验

由于本书建立模型所使用的数据为时间序列数据，而通过时间序列数据建立模型要求其具备平稳性条件。当时间序列数据为非平稳时，即两列时间序列数据表现出近似的变化趋势，即使它们之间不存在任何联系，如直接进行回归分析也可能出现较高的可决系数，从而出现伪回归现象。因而在对时间序列数据进行回归分析时，首先要检验其平稳性，即它们间是同阶的单整序列，才可能存在长期的稳定关系，而这种稳定关系意味着在经济系统内部不存在破坏均衡的内在机制，需要对具有同阶单整序列进行协整检验。

通常情况下，经济变量大多数都是非平稳的，时间序列更是如此，并具备时间趋势，因此在运用时间序列时必须进行平稳性检验。目前，已有的单位根检验方法主要有以下几种：Dickey-Fuller（DF）检验，Augmented Dickey-Fuller Test（ADF）检验，Phillips-Perron（PP）检验，Kwiatkowski，Phillips，Schmidt，and Shin Test（KPSS）检验，Elliot，Rothenberg，and Stock Point Optimal Test（ERS）检验和 Ng and Perron Test（NP）检验，其中，由于前三种方法出现较早，因而在实际运用中较为常见。目前检验数据平稳性的标准方法为单位根检验，因而本书采用 ADF 检验法，这种检验方法为控制高阶序列相关，通过在回归方程的右侧加入因变量的滞后差分项来实现。

$$\Delta y_t = \gamma y_{t-1} + \alpha + \sum_{i=1}^{p} \beta_i \Delta y_{t-i} + \mu_t \qquad t = 1, 2, \cdots, T \tag{6-1}$$

式中，y_t 表示某区域在 t 时期居民人均收入的对数值，Δy_t 为 y_t 的一阶差分，p 为 Δy_t 的滞后期，μ_t 为一系列不相关的随机扰动项，其均值为零且方差相同。如式（6-1）中的 γ 小于零，则表示外部因素对相对收入的影响只是短暂的，相对收入将进入一个较为稳定的状态；若 γ 等于零，则表示外部因素的冲击可能是持久的，且相对收入不会进入一种稳定状态。

从单位根检验结果可以看出（见表 6-1），变量 ln*Y*、ln*HC* 和 *EF* 在 1%和 5%水平上均表现为不平稳；在对所有变量进行一阶差分后，上述变量全部通过单位根检验，即所有变量均在 1%、5%和 10%的显著性水平上通过单位根检验，表现出平稳性，因而可以确定这三个变量均为一阶单整 I（1），即一阶差分变量为平稳过程。

表 6-1　各变量 ADF 检验结果

变量	ADF 值	1%临界值	5%临界值	10%临界值	D. W.	是否平稳
ln*Y*	0. 5094	-3. 8868	-3. 0522	-2. 6666	2. 5321	否
ln*HC*	0. 8059	-3. 9204	-3. 0656	-2. 6735	2. 2088	否
EF	-2. 0762	-3. 8868	-3. 0522	-2. 5846	1. 7753	否
ΔD（ln*Y*）	-4. 6900	-3. 9204	-3. 0656	-2. 6735	2. 0046	是 *
ΔD（ln*HC*）	-4. 2500	-4. 0580	-3. 1200	-2. 7011	2. 3630	是 *
ΔD（EF）	-6. 1500	-3. 9592	-3. 081	-2. 6813	2. 1358	是 *

注："是 *" 表示在 1%显著性水平上表现为稳定。下同。

6.2.2.2 协整分析

由单位根检验可知，lnY、lnHC 和 EF 这三个变量均为一阶单整 I（1），满足协整检验的前提条件，但人力资本投资与居民人均收入、人力资本投资效率与居民人均收入间是否存在长期稳定的均衡关系（即协整关系）需要进一步验证。因此，本书在单位根检验的基础上对 lnY 与 lnHC、lnY 与 EF 间是否存在协整关系进行检验。

协整检验的常用方法是 Johansen 协整检验，Johansen 在 1988 年提出的一种以 VAR 模型为基础的检验回归系数的方法，是一种进行多变量协整检验的较好的方法。模型设定如下：

$$\Delta Y_t = \Gamma_1 \Delta Y_{t-1} + \Gamma_2 \Delta Y_{t-2} + \cdots + \Gamma_{q-1} \Delta Y_{t-1} + \prod Y_{t-q} + \varphi D_t + U_t \qquad (6-2)$$

式中，Y_t 是包含了 p 个一阶单整 I（1）时间序列变量的向量，Δ 为一阶差分，Γ_1，Γ_2，…，Γ_{q-1} 是 $p \times p$ 系数矩阵，q 为滞后阶数，D_t 为确定性变量，U_t 是向量白噪声，$\prod$ 为压缩矩阵。依据 Johansen 的检验原理，判断变量间的协整关系的关键是确定上式中压缩矩阵 $\prod$ 的秩的大小，为此，构造轨迹统计量如下：

$$\eta_r = -T \sum_{i=r+1}^{p} \ln(1 - \lambda_i) \qquad (6-3)$$

式中，p 为向量 Y_t 中所含时序变量的个数，T 为样本容量；λ_i 为第 i 步的最大特征根，r 则为假定的协整关系的个数，取值范围在［0，（p-1）］间。

令零假设 H_0：压缩矩阵的秩为 r，即这一时间序列中存在 r 个协整关系，备择假设为压缩矩阵 $\prod$ 的秩为 p，即 Y_t 为平稳过程。依据式（6-2）和式（6-3），依次取 r=0，1，…，p-1，得到相应的统计量 η_r，直至出现第一个不显著的 η_r，此时的 r 为该变量中存在的协整关系的个数。

（1）人力资本投资与居民人均收入的协整分析。由表 6-2 可知，在 5%显著性水平下，lnY 和 lnHC 这两个变量协整关系个数为 0 的 LR=30.4430，大于临界值 25.8721，所以，拒绝协整关系个数为 0 的原假设，即认为这两个变量之间存在协整关系。进一步，为了检验有几个协整关系，协整关系个数为至多一个的 LR 为 8.7373，小于临界值 12.5180，故接受零假设：协整关系个数至多 1 个。因此，lnY 和 lnHC 这两个变量之间存在一个协整关系。

表 6-2 人力资本投资和居民人均收入序列的协整检验结果

协整关系个数	特征值	迹统计量	5%水平临界值	置信概率
0 个	0.7425	30.4430	25.8721	0.0126
至多 1 个	0.4208	8.7373	12.5180	0.1972

（2）人力资本投资效率与居民人均收入的协整分析。由表 6-3 可知，在 5%显著性水平下，*EF* 和 ln*Y* 这两个变量协整关系个数为 0 的 LR=12.6802，大于其临界值 12.3209，因而拒绝零假设：协整关系个数为 0，即 *EF* 和 ln*Y* 两个变量间存在协整关系。而协整关系个数为至多 1 个的 LR=3.2637，小于其临界值 4.1299，因而接受协整关系个数至多为 1 个的零假设。也即 *EF* 和 ln*Y* 间存在一个协整关系。

表 6-3 人力资本投资效率和居民人均收入序列的协整检验结果

协整关系个数	特征值	迹统计量	5%水平临界值	置信概率
0 个	0.4449	12.6802	12.3209	0.0435
至多 1 个	0.1845	3.2637	4.1299	0.0839

6.2.2.3 VAR 模型的建立

向量自回归（VAR）是基于数据的统计性质建立模型，VAR 模型把系统中每个内生变量作为系统中的所有内生变量的滞后值的函数来构建模型，从而将单变量自回归模型推广到多元时间序列变量组成的“向量”自回归模型。

在建立 VAR 模型前，需要确定其最优滞后期数 *K*。确定 *K* 的方法是：首先依据 AIC 和 SC 准则确定最优滞后期数 *K*，其次采用 Neyman-Person（1928）所提出的似然比统计量来判断。LR 统计量如下：

$$LR=-2(\log L_k-\log L_{k+1})\sim\chi^2(df) \tag{6-4}$$

式中，LR 统计量渐进服从于自由度为 VAR(k)到 VAR($k+1$)对模型施加的零约束个数的卡方分布。

（1）人力资本投资与居民人均收入的 VAR 分析。由表 6-4 最优滞后期的判断结果可知，最优滞后期为 2，因此建立 VAR（2）模型。模型的估计结果如

表 6-5 所示，其中两个回归模型的判定系数 R^2 分别达到 0. 9845、0. 9934，表明两个模型的拟合度较好。因而，使用 VAR 模型可以用于分析居民收入与人力资本投资的关系。从 VAR 模型估计结果可以看出，对于居民人均收入方程来说，滞后一期的人力资本投资每增加 1%，居民人均收入则增加 0. 6037%，滞后一期的居民人均收入每增长 1%，当期的居民人均收入则增长 0. 6184%；对于人力资本投资方程来说，滞后一期的居民人均收入和人力资本投资每增加 1%，人力资本投资则分别增加 0. 5975%和 0. 4757%。

表 6-4　最优滞后期数的判定结果

lag	LL	LR	FPE	AIC	SC	HQ
0	9. 3003	NA	0. 0014	-0. 9125	-0. 8160	-0. 9076
1	49. 6819	65. 6202	1. 34e-05	-5. 2043	-4. 7214	-5. 1796
2	51. 6346	74. 0671*	1. 47e-05*	-5. 4602*	-5. 1705*	-5. 4454*
3	56. 3303	5. 2826	1. 96E-05	-5. 2913	-4. 6153	-5. 2567

表 6-5　人力资本投资与居民人均收入的 VAR（2）模型的估计结果

解释变量	模型（1）ln*Y*	模型（2）ln*HC*
ln*Y*（-1）	0. 6184（1. 9850）	0. 5975（2. 3258）
ln*Y*（-2）	-0. 0321（-0. 0840）	-0. 1526（0. 5193）
ln*HC*（-1）	0. 6037（1. 9678）	0. 4757（4. 3075）
ln*HC*（-2）	0. 3554（0. 7696）	0. 5689（1. 9644）
C	1. 1657（1. 2283）	0. 3321（0. 4559）
VAR 模型的检验		
R^2	0. 9845	0. 9934
S. E.	0. 0759	0. 0587
F	189. 9942	1046. 757
logL	22. 6704	27. 1380
AIC	-2. 0789	-2. 6820
SC	-1. 8338	-2. 5336

注：括号内为 t 统计量值。

（2）人力资本投资效率与居民人均收入的 VAR 分析。由最优滞后期的判断结果可知（见表 6-6），最优滞后期为 2，因此建立 VAR（2）模型。模型的估计结果如表 6-7 所示，其中两个回归模型的判定系数分别为 0.9830 和 0.9030，说明两个模型的拟合程度较好，因而可以使用 VAR 模型来分析人力资本投资效率与居民收入之间的关系。从 VAR 模型的分析结果看，就居民人均收入方程而言，滞后一期的居民人均收入和人力资本投资效率每增加 1%，则当期的居民收入将分别增加 0.8147%和 0.2525%；对人力资本投资效率方程而言，滞后一期的居民人均收入和人力资本投资效率每增长 1%，人力资本投资效率将分别增长 0.0391%和 0.2834%。从模型结果可以看出，人力资本投资效率是影响居民人均收入的一个很重要的因素，而居民人均收入对人力资本投资效率的影响程度有限。

表 6-6　最优滞后期数的判定结果

lag	LL	LR	FPE	AIC	SC	HQ
0	10.8922	NA	0.0011	-1.1115	-1.0150	-1.1066
1	42.3727	35.4870	3.80e-05	-4.5454	-4.0625	-4.5207
2	46.3633	51.1559*	3.67e-05*	-4.5466*	-4.2569*	-4.5318*
3	47.5442	8.3285	5.87E-05	-4.1930	-3.5170	-4.1584

表 6-7　人力资本投资效率与居民人均收入的 VAR（2）模型的估计结果

解释变量	模型（1）ln*Y*	模型（2）*EF*
ln*Y*（-1）	0.8147（2.8870）	0.0391（1.7776）
ln*Y*（-2）	0.1982（0.6857）	-0.0119（-0.4919）
EF（-1）	0.2525（2.8048）	0.2834（2.1481）
EF（-2）	-0.1918（-0.5959）	-0.5333（-2.1069）
C	-0.0498（-0.1482）	-0.0057（-0.0216）
VAR 模型的检验		
R^2	0.9830	0.9030
S. E.	0.0794	0.0624
F	173.395	4.5563

续表

解释变量	模型（1）lnY	模型（2）EF
logL	21.9059	25.9887
AIC	-1.9889	-2.4693
SC	-1.7439	-2.2242

注：括号内为 t 统计量值。

6.2.2.4 脉冲响应函数与方差分解

（1）脉冲响应函数。脉冲响应函数（IRF）描述了其他变量在当期及以前各期保持不变的前提下，一个内生变量对误差冲击的反应，一般是在误差项施加一个标准差大小的冲击后对内生变量当期值和未来值所产生的影响。本书的脉冲响应函数建立在 VAR 模型基础上分别给变量一个标准差大小的冲击，从而得到对应的脉冲响应图，图中实线为计算值，虚线为响应函数加减一倍标准差的置信区间。本书所构建的脉冲响应函数分别为：

$$\begin{cases} \ln Y_t = \sum_{i=1}^{k} \alpha_{11} \ln Y_{t-i} + \sum_{i=1}^{k} \alpha_{12} \ln HC_{t-i} + \varepsilon_{1t} \\ \ln HC_t = \sum_{i=1}^{k} \alpha_{21} \ln HC_{t-i} + \sum_{i=1}^{k} \alpha_{22} \ln Y_{t-i} + \varepsilon_{2t} \end{cases} \tag{6-5}$$

$$\begin{cases} \ln Y_t = \sum_{i=1}^{k} \alpha_{11} \ln Y_{t-i} + \sum_{i=1}^{k} \alpha_{12} EF_{t-i} + \varepsilon_{1t} \\ EF_t = \sum_{i=1}^{k} \alpha_{21} EF_{t-i} + \sum_{i=1}^{k} \alpha_{22} \ln Y_{t-i} + \varepsilon_{2t} \end{cases} \tag{6-6}$$

式中，K 为滞后阶数，随机扰动项 ε 被称为新息。

1）居民人均收入与人力资本投资的脉冲响应函数。首先分析居民人均收入 $\ln Y$ 对自身新息、人力资本投资 $\ln HC$ 新息一个标准差扰动的脉冲响应，如图 6-1 所示。

居民人均收入 $\ln Y$ 对自身新息的一个标准差扰动的影响始终为正，第一期为 0.065，第二期为 0.023，且在第十期后，这种影响逐渐趋于稳定。

居民人均收入 $\ln Y$ 对人力资本投资 $\ln HC$ 新息的一个标准差扰动的影响在第二期开始出现，且呈现波浪形影响趋势，在第二期为-0.025，第三期的影响人力

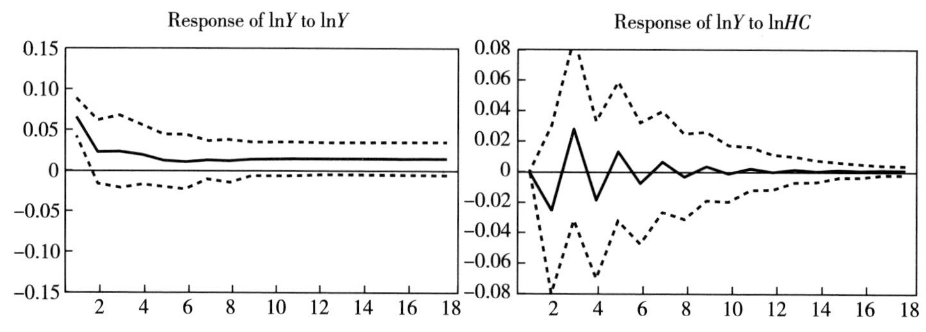

图 6-1　居民人均收入 ln*Y* 冲击引起的响应函数

为 0.028，第四和第五期分别为-0.019 和 0.013，最后随着时间推移，这种影响趋势逐渐变小。

其次分析人力资本投资 ln*HC* 对自身新息、居民人均收入 ln*Y* 新息的一个标准差扰动的脉冲响应，如图 6-2 所示。

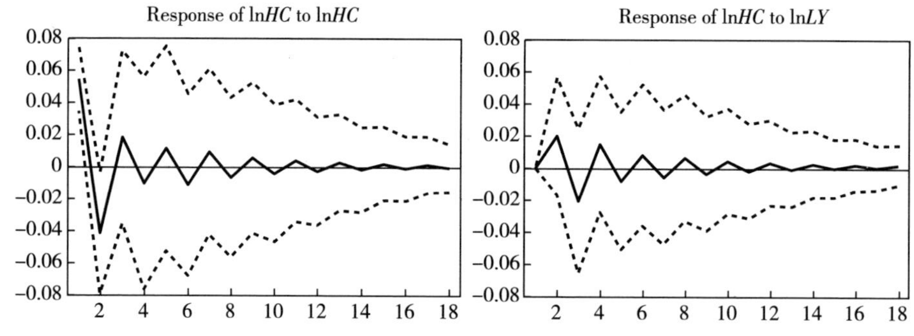

图 6-2　人力资本投资 ln*HC* 冲击引起的响应函数

资本投资 ln*HC* 对自身新息的一个标准差扰动的影响呈现出波浪形趋势，第一期为最大值 0.055，第二期的影响为-0.041，第三期为 0.018，之后随着时间推移波动幅度逐步减小。

人力资本投资 ln*HC* 对居民人均收入 ln*Y* 新息的一个标准差扰动的影响呈现出波浪形趋势，第二期达到最大值，为 0.02，第三期达到最小值，为-0.021，这种波动趋势随着时间推移逐渐缩小。

2）人力资本投资效率与居民人均收入的脉冲响应函数。首先分析居民人均收入 ln*Y* 对自身新息、人力资本投资效率 *EF* 新息的一个标准差扰动的脉冲响应，如图 6-3 所示。

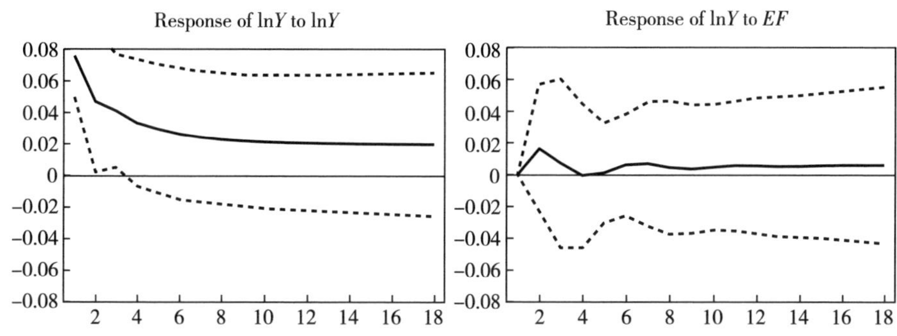

图 6-3 居民人均收入 ln*Y* 冲击引起的响应函数

居民人均收入 ln*Y* 对自身新息的一个标准差扰动的影响始终为正，第一期为 0.076，第二期为 0.048，第十期后，这种扰动的影响稳定在 0.02 左右。

居民人均收入 ln*Y* 对人力资本投资效率 *EF* 新息的一个标准差扰动的影响始终为正，且在第二期达到最大值，为 0.016，在第四期下降为 0 后开始缓慢上升，第十期后逐步稳定为 0.006。

其次分析人力资本投资效率 *EF* 对自身新息、居民人均收入 ln*Y* 新息的一个标准差扰动的脉冲响应，如图 6-4 所示。

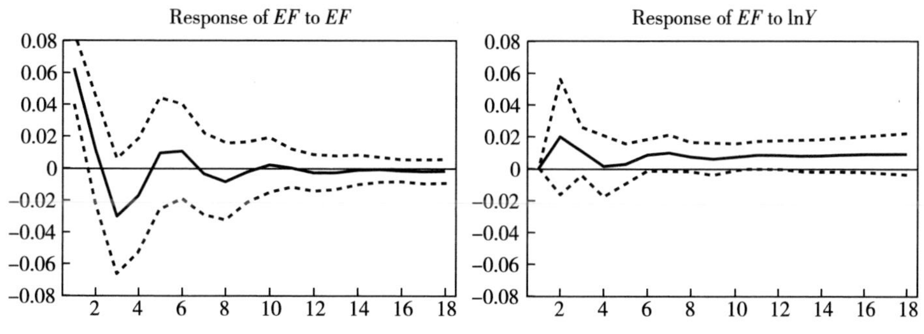

图 6-4 人力资本投资效率 *EF* 冲击引起的响应函数

人力资本投资效率 *EF* 对自身信息的一个标准差扰动的影响呈现震荡缩小的变化趋势，第一期为最大值 0.063，第二期为最小值-0.03，之后随着时间的推移，波动幅度逐渐减小。

人力资本投资效率 *EF* 对居民人均收入 ln*Y* 新息的一个标准差扰动的影响始终为正，第一期为 0，第二期达到最大值 0.02 后开始下降，第四期达到最小值 0.002，然后开始上升，并随着时间的推移，这种影响基本维持在 0.009 左右。

（2）方差分解。脉冲响应函数描述的是 VAR 模型中一个内生变量的冲击对其他内生变量带来的影响，而方差分解是通过分析每一个结构冲击对内生变量变化的贡献度，因而方差分解给出对 VAR 模型中变量产生影响的每个随机扰动项的相对重要性的信息。本书通过方差分解，可以分析出各变量波动的来源及强度大小，结果如表 6-8 和表 6-9 所示。

表 6-8　居民人均收入 ln*Y* 与人力资本投资 ln*HC* 的方差分解结果

函数	时期	S. E.	ln*Y*	ln*HC*
ln*Y*	1	0. 0734	100. 0000	0. 0000
	2	0. 0856	79. 7049	20. 2951
	3	0. 0911	72. 5222	27. 4779
	4	0. 0984	62. 2645	37. 7355
	5	0. 1013	58. 7478	41. 2522
	6	0. 1014	58. 5419	41. 4581
	7	0. 1015	58. 5006	41. 4994
	8	0. 1015	58. 4323	41. 5677
	9	0. 1015	58. 4235	41. 5765
	10	0. 1015	58. 4226	41. 5774
ln*HC*	1	0. 0544	30. 5828	69. 4172
	2	0. 0695	21. 5467	78. 4533
	3	0. 0702	22. 0334	77. 9666
	4	0. 0733	20. 2173	79. 7827
	5	0. 0749	19. 3635	80. 6365
	6	0. 0750	19. 3012	80. 6988
	7	0. 0750	19. 2911	80. 7089
	8	0. 0751	19. 2706	80. 7294
	9	0. 0751	19. 2673	80. 7328
	10	0. 0751	19. 2672	80. 7328

表 6-9 居民人均收入 lnY 与人力资本投资效率 EF 的方差分解结果

函数	时期	S. E.	lnY	EF
lnY	1	0.0831	90.5731	9.4269
	2	0.0867	85.7207	14.2793
	3	0.0870	82.0274	17.9726
	4	0.0877	79.6844	20.3156
	5	0.0879	78.7586	21.2414
	6	0.0882	78.5826	21.4174
	7	0.0883	78.2934	21.7066
	8	0.0884	78.4365	21.5635
	9	0.0885	78.1877	21.8123
	10	0.0885	78.3265	21.6735
EF	1	0.0640	0.0000	100.0000
	2	0.0720	7.9418	92.0582
	3	0.0840	7.9205	92.0795
	4	0.0865	9.5108	90.4892
	5	0.0908	9.5349	90.4651
	6	0.0921	10.1617	89.8383
	7	0.0936	10.2182	89.7818
	8	0.0943	10.4484	89.5516
	9	0.0949	10.5017	89.4983
	10	0.0952	10.5797	89.4203

1）居民人均收入 lnY 与人力资本投资 lnHC 的方差分解。

在居民人均收入 lnY 的方差分解结果中，第一期表现为自身的变动，第二期开始其自身的贡献率在逐渐下降，从第二期的 79.7%下降为第十期的 58.4%；与此同时，人力资本投资 lnHC 第二期的贡献率为 20.3%，但随后贡献率则呈逐渐上升趋势，在第五期之后逐步稳定在 41%~42%。

在人力资本投资 lnHC 的方差分解结果中，第一期的影响为 69.4%，之后出现下降，第五期后，自身的影响维持在 80%~81%；居民人均收入 lnY 对人力资本投资 lnHC 的贡献率在第一期为 30.6%，而后逐渐下降，第五期后逐步维持在 19%~20%。

2）居民人均收入 lnY 与人力资本投资效率 EF 的方差分解。

在居民人均收入 lnY 的方差分解结果中，第一期自身变动的影响为 90.6%，而后自身变动的影响逐渐下降，第五期后自身变动的影响维持在 78%～79%；与此同时，人力资本投资效率 EF 的影响在逐渐增加，从第一期的 9.4%逐渐增加为第五期的 21.2%，并稳定在 21%～22%。

在人力资本投资效率 EF 的方差分解结果中，第一期表现为自身的变动，从第二期开始，自身变动的影响逐渐下降，从第二期的 92.1%下降为第五期的 89%，且第五期后稳定为 89.8%左右；居民人均收入 lnY 对人力资本投资效率 EF 在第一期不产生影响，从第二期开始产生影响，且影响程度较低，在第六期后这种影响基本维持在 10%左右。

6.3 人力资本分布结构与居民收入差距的动态关系

已有的研究表明，人力资本是影响收入差距的重要因素之一，人力资本的不均等对居民收入差距产生重要影响。同时，收入差距也对人力资本的获得产生影响，但人力资本分布结构与居民收入差距之间具体是何种关系，有待通过实证模型进行进一步分析。

6.3.1 模型构建

6.3.1.1 实证模型

Schultz（1960）认为，受教育水平的提高是提高个人收入和缩减个人收入差距的最根本原因。Becker 和 Chiswick（1966）通过构建正式的模型揭示了教育对居民收入分配的作用。Gregorio 和 Lee（2002）对此模型进行了进一步研究，构造出以下模型，$Var(\log Y_s)=\overline{r}^2Var(S)+\overline{S}^2Var(r)+2\overline{rS}Cov(r,\ s)+Var(u)$，其中，$Var(\log Y_s)$表示收入差距，$S$ 为教育扩展，$Var(S)$为教育不均等，r 指教育回报率，u 为对收入产生影响的其他因素。Galor 和 Zeria（1993）通过假定信用市场和人力资本不可分割，研究了收入差距对教育不均等的影响，认为由于缺乏完善的信用市场，最初的收入差距造成了个体在人力资本投资方面的差距，因而收入分配会对人力资本分布结构产生重要影响。通过学者已有的研究发现，人力资本分布结构和收入差距之间存在相互影响的关系，两者间表现出一定的内生性。

由于经济变量之间往往存在直接或间接的相互联系，单方程仅能描述变量间的单向因果关系，不能很好地解决变量之间存在的内生性，而联立方程能对处于一定经济系统中的各种变量进行相互、动态的研究，可以很好地揭示多个内生变量之间的相互影响关系，因此本书采用联立方程对人力资本分布结构与收入分配之间的关系进行实证分析。同时，为了能更好地刻画它们的相互影响关系，本书还将考虑变量的滞后期的影响。

通过借鉴 Gregorio 和 Lee（2002）与 Galor 和 Zeria（1993）的理论分析框架，把人力资本分布结构和居民人均收入差距作为相互影响的内生变量纳入联立方程，构建如下方程：

$$INEQ=f(HCINEQ_{PDL},\ HCINEQ,\ EF,\ AYS,\ HCIN,\ ML) \tag{6-7}$$

$$HCINEQ=f(INEQ_{PDL},\ INEQ,\ EF,\ AYS,\ URBAN) \tag{6-8}$$

式（6-7）中，$INEQ$ 表示居民人均收入差距程度，采用泰尔指数衡量，$HCINEQ_{PDL}$ 表示人力资本分布结构滞后项对居民人均收入差距的影响，$HCINEQ$ 则表示人力资本分布结构，采用人力资本基尼系数表示。而人力资本投资效率的高低会对人力资本水平的高低产生影响，进而对居民人均收入差距产生影响，因而为考察人力资本投资效率对居民人均收入差距的作用，引入人力资本投资效率指标（EF）。Knight 和 Sabot（1983）认为，教育扩展有助于降低收入差距，因而引入教育扩展指标（AYS）考察教育扩展对居民人均收入差距的作用。由于政府财政对人力资本投入有助于提高全民的受教育程度，缓解受教育不均等程度，因而为考察政府对人力资本投入的作用，引入政府财政对人力资本投入指标（$HCIN$）。由于市场化程度会对居民人均收入差距产生影响，一般而言，市场化程度的提高可能会拉大居民人均收入差距程度，因而引入市场化程度指标（ML）。

式（6-8）中，$HCINEQ$ 表示人力资本分布结构，采用人力资本基尼系数衡量，$INEQ_{PDL}$ 表示居民人均收入差距滞后项对人力资本分布结构的作用，而人力资本的扩展将有助于提高人力资本水平从而对人力资本分布结构产生影响，因而引入教育扩展指标(*AYS*)。为考虑人力资本投资效率对人力资本分布不均等的影响，引入人力资本投资效率指标(*EF*)。同时考虑到城市化规模将有助于发挥人力资本的规模优势，从而对人力资本的分布产生影响，因而引入城市化率指标(*URBAN*)考察此因素的作用。

6.3.1.2 方程的识别与估计方法

在对联立方程进行估计前，需要对此模型进行识别。所谓模型的识别指从联立方程的简化形式中估计出所有的结构式参数，即联立方程中参数的估计值可以从所估计的诱导系数中得到。模型的识别是联立方程能否进行估计的必须满足的先决条件。而本联立方程中，仅有 *INEQ* 和 *HCINEQ* 是内生变量，其余的都是先决变量，由联立方程识别的秩条件和阶条件可知，模型可识别且恰好识别，因而可以进行估计。

在估计方法的选择上，由于两阶段最小二乘法（2SLS）是单方程估计方法，没有考虑到扰动项间的协方差，因而在联立方程中选用这种方法并不是很有效。而三阶段最小二乘法（3SLS）能同时估计模型中的所有方程，且能很好地利用所有的样本信息，即使方程中的自变量与扰动项相关，且扰动项存在的异方差和同期相关时，3SLS 也是一种有效方法。其基本思路是：先采用 2SLS 估计每个方程，然后采用广义最小二乘法对整个联立方程进行估计。

6.3.1.3 数据说明

在联立方程中所使用到的指标主要有：居民人均收入差距指标（*INEQ*），用泰尔指数表示，该指标数据源于本书第 5 章计算结果；人力资本分布结构指标(*HCINEQ*)，用人力资本基尼系数表示，该指标数据见本书第 3 章计算结果；人力资本投资效率指标（*EF*），该指标数据源自本书第 4 章计算结果；教育扩展指标(*AYS*)，该指标采用劳动者受教育程度表示，数据源自《中国劳动统计年鉴》(1996~2022)；政府财政对人力资本投入指标(*HCIN*)采用人力资本投资中的政府对教育和卫生的支出在 GDP 中的比重来衡量，其数据源自《中国教育经费统计年鉴》(1996~2022)、《中国卫生和计划生育统计年鉴》(1996~2022)和《中国统计年鉴》(1996~2022)；市场化率指标(*ML*)采用国有单位职工数在总就业人数中的比重表示，数据源自《中国统计年鉴》(1996~2022)和《中国劳动统计年鉴》

（1996~2022）；城市化率指标（*URBAN*）采用各年城市人口在总人口中的比重来表示，城市和乡村人口数据分别来自《中国农村统计年鉴》（1996~2022）和《中国统计年鉴》（1996~2022）。

6.3.2 实证分析结果

利用 STATA12.0，对联立方程模型进行估计，结果如表 6-10 所示。

表 6-10 模型估计结果[①]

解释变量	被解释变量			
	INEQ		*HCINEQ*	
	系数	T 值	系数	T 值
INEQ（lag=0）			1.4233	2.3248**
INEQ（lag=1）			-1.9255	-3.0049***
INEQ（lag=2）			1.0418	1.2178
INEQ（lag=3）			-1.9784	-3.4283***
HCINEQ（lag=0）	0.0545	3.5977*		
HCINEQ（lag=1）	-0.6183	-10.6664***		
HCINEQ（lag=2）	0.4299	6.3400***		
HCIN	0.8776	6.0695*		
ML	0.2516	5.1971***		
EF	-0.0228	-2.1121*	0.0125	3.0898*
AYS	0.1093	14.6901***	0.2118	8.4892***
URBAN			0.0416	16.8487***

注：*** 表示在 1%水平上显著，** 表示在 5%水平上显著，* 表示在 10%水平上显著。

6.3.2.1 人力资本分布结构对收入差距的影响

可以看出，人力资本分布结构及其滞后项对居民人均收入差距具有明显的作用。由各个估计系数可以看出，当期人力资本分布结构的改善会对居民人均收入差距产生显著的缓解作用，但滞后一期人力资本分布结构的改善反而会造成居民

① 采用 AIC 准则和 SC 准则确定滞后期。

人均收入差距的下降，而滞后二期人力资本分布结构的改善会对居民人均收入差距产生一个显著的缓解作用，即两者表现为正向关系。总体来说，从人力资本分布结构对居民人均收入差距的长期影响看，人力资本分布结构和居民人均收入差距间呈现出一种负向关系，即人力资本分布状况的改善无助于居民人均收入差距状况的改善，这与杨俊等（2008）的结论是一致的。然而，一般研究认为，人力资本分布结构的改善有助于缓解居民收入差距，但本书研究结果却表明，人力资本分布结构的改善无助于缓解收入差距，可能的原因在于人力资本的传导机制出现了偏差：一般认为人力资本分布结构的改善将有助于提高人力资本的积累，从而使得人力资本的边际生产力提高，进而有助于收入差距的改善，但由于人力资本结构效应的存在，即人力资本分布结构的改善使具有较高人力资本的群体得到扩大，从而增加了收入的不均等状况；目前我国劳动力市场中存在结构性失衡，即高素质的劳动者供小于求，而素质较低劳动者则供大于求，这种结构失衡状况也会加剧收入差距。

政府财政对人力资本投入指标（*HCIN*）在10%的水平上对居民人均收入差距的影响为正，说明政府对人力资本投资较多却无助于改善居民人均收入差距现象，其中可能的主要原因在于政府对人力资本的投资存在地区差异，东部地区由于有强大的经济实力，人力资本投资在GDP中的比重虽然低于中西部地区，但人均投入量仍然高于中西部地区，这势必会带来各地区间居民人均收入的差异；同时，政府财政对人力资本投资在城乡之间也有差异，由于农村地区的人力资本投入相较于城镇相对较低，因而造成城乡之间人力资本投资的差异，最终造成城乡居民收入差距并拉大地区间的收入差距程度。

市场化程度指标（*ML*）在1%的水平上对收入不均等的影响为正，说明市场化程度的提高会扩大居民收入不均等，这与刘江会（2010）和张义博（2011）的研究结论一致。其中可能的原因在于，随着市场化程度的提高，市场参与度高的组织和个人在获得收入上具有绝对优势，从而与其他组织和个人相比更容易获得高收入，从而拉大了居民收入差距。

人力资本投资效率指标（*EF*）在10%的水平上对居民收入差距的影响为负，说明人力资本投资效率的提高有助于改善收入差距程度。其中的原因在于，随着人力资本投资效率的提高，人力资本存量逐渐提高，从而劳动者收入得到切实提高；同时，由于中、西部地区人力资本投资效率的增速要快于东部地区，使得中、西部地区的人力资本存量的增速也快于东部地区，这有助于缓解居民人均收入在地区之间的差距。

教育扩展指标（*AYS*）在1%的水平上对居民收入差距的影响为正，说明教育程度的提高将无助于收入差距的改善。杨俊等（2008）研究认为，教育扩展将有助于改善收入差距，本书研究却是教育扩展无助于改善收入差距。其中可能的原因在于，随着教育程度的提高，受教育者有更高的生产能力和配置能力，可以占据收入更高的职位或岗位，这势必会拉大与未受教育者之间的收入差距。同时，由于经济实力和工资水平的地区差异，同一受教育程度的劳动者在不同地区之间的收入水平也存在差异，这也会拉大地区间的居民收入差异。

6.3.2.2 收入差距对人力资本分布结构的影响

可以看出，居民人均收入差距及其滞后项对人力资本分布结构具有一定的影响。当期居民人均收入差距对人力资本分布结构具有正向作用，即当期的居民人均收入差距的改善将有助于缓解人力资本分布结构，而滞后一期的影响却转变为负向效应，即收入差距的改善反而会加剧人力资本分布结构。滞后两期的收入差距对人力资本分布结构的影响在估计系数上虽然表现为正向效应，但其估计值在统计意义上并不显著，而滞后三期的影响与滞后一期的影响方向相同，均表现出显著的负向效应。由于人力资本是影响收入的最重要因素，因而当期收入差距的改善将有助于缓解人力资本分布结构，其原因在于：居民人均收入差距的改善会促使家庭增加对人力资本的投入，从而可以有效地改善人力资本的不均等状况，而随着收入差距的持续改善，对人力资本的投入会出现持续增加，这会造成人力资本投资收益率的下降。同时，人力资本投入的增加并不能改善家庭背景不同所带来的教育不均等，因而随着时间的推移和人力资本投入的持续增加，收入差距状况的改善反而会加剧人力资本分布结构的状况。

人力资本投资效率指标（*EF*）在10%的水平上对人力资本分布结构的影响为正，说明人力资本投资效率的提高会加剧人力资本分布的不均等。这是由于人力资本投资效率的提高会使得原本具有较高人力资本水平地区的人力资本增量高于拥有较低人力资本水平地区的增量。同时，人力资本投资效率较高的地区一般对人力资本的流动具有较强的吸引力，这会造成地区之间人力资本水平差异进一步拉大，从而形成高的更高、低的更低的恶性循环。

教育扩展指标（*AYS*）在1%的水平上对人力资本分布结构的影响为正，说明劳动者受教育程度的提高会加剧人力资本分布结构。Ram（1990）研究发现，教育扩展与教育分配之间存在倒U型关系，其峰值为7年，而我国劳动年龄人口的平均受教育年限在2021年已经达到10.9年，因而本书认为我国已经处于教育扩展不利于教育分配的阶段，需要在继续推进教育扩展的同时，着重改善教育资源在不同地区、行业、城乡之间的分配，从而实现教育分布不均现象。

城市化率指标（*URBAN*）在1%的水平上对人力资本分布结构的影响为正，意味着城市化率的提高将无助于降低人力资本分布结构。这是由于我国城市化进程的提高主要体现在一些大中型城市，而在一些偏远地区农村人口仍然有较大比重，且这些地区普遍存在着自身原因，使得难以对其进行人力投资。同时，由于城市化率指标是采用城市人口在总人口中的比重，仅从人口角度来衡量，城市化率的提高并不表示当地经济水平的提高。此外，劳动力的流动也会带来教育难题，城市化率的提高并没有提高他们的受教育程度，因而城市化率的提高没有改变人力资本分布的不均等现状。

6.4 本章小结

首先，对人力资本投资及其效率与居民收入分配的影响机理做了分析。

其次，使用VAR模型考察了人力资本投资水平及其效率与居民人均收入之间的关系，单位根检验和协整分析结果显示，人力资本投资水平与居民人均收入、人力资本投资效率与居民人均收入之间均存在长期的均衡关系；VAR模型分析结论表明，人力资本投资水平与居民人均收入之间、人力资本投资效率与居民人均收入之间均具有显著的影响，人力资本投资水平对居民收入的贡献要高于人力资本投资效率对居民收入的贡献，而居民人均收入对人力资本投资水平的贡献要高于其对人力资本投资效率的贡献；脉冲响应函数分析发现，居民人均收入、人力资本投资水平及其效率各变量的一个单位标准差冲击对其他变量具有明显的短期效应，且随着时间推移在逐渐变弱；方差分解结果表明，除自身变动的影响外，人力资本投资水平对居民收入变动的贡献程度要大于人力资本投资效率的贡献程度，而居民人均收入对人力资本投资水平的贡献程度要高于对人力资本投资效率的贡献程度。

最后，采用联立方程模型考察了人力资本分布结构与居民人均收入差距之间的关系。模型结果显示，当期人力资本分布结构的改善将会对居民人均收入差距产生显著的缓解作用，其滞后项也对当期居民人均收入差距状况产生一定的影响。同样，当期居民人均收入差距的改善有助于缓解人力资本分布不均等，且其滞后项也对当期人力资本分布结构状况产生一定的影响。此外，政府财政对人力资本投入、市场化程度、人力资本投资效率、教育扩展、城市化率等因素也会对居民人均收入差距和人力资本分布结构产生重要的影响。

7　研究结论、政策建议与研究展望

通过本书各章的分析，我们对我国人力资本水平、分布结构和投资效率以及居民的收入情况有了初步认识，同时对它们对居民收入的影响有了一定了解，得出了一些相关结论，这些结论对我国制定与人力资本相关的政策有一定的借鉴意义。

7.1　研究结论

本书以人力资本理论为指导，运用各种统计年鉴中相关数据，采用永续盘存法对我国的人力资本水平进行了测算，同时采用人力资本基尼系数对我国的人力资本分布结构状况进行了分析，并采用 DEA 方法对人力资本投资效率进行测算，然后分别采用基尼系数、泰尔指数等方法对我国居民的收入分配现状进行了分析，分析了分布结构和投资效率对居民收入的影响效应，并在实证分析的基础上指出了其中相关的政策含义。通过本书中各章的分析，主要得出以下结论：

第一，人力资本投资和存量水平在不同地区间均呈现出显著的阶梯状趋势。采用统计年鉴中相关数据，依据历年教育、卫生保健和培训方面支出数据测算出各省份的人力资本投资流量，并通过收敛分析发现，不同省份间的人均人力资本投资和人均人力资本投资的增长速度均存在收敛现象。同时，采用永续盘存法，对我国人力资本投资存量进行测算发现，无论是人力资本投资的流量还是存量都存在东部地区高于中部地区，中部地区又高于西部地区，而从人均水平看，东部地区始终高于全国、中部和西部地区，西部地区在起始阶段低于中部地区，但在2009 年已经超越中部地区。

第二，对人力资本投资结构进行分析后发现，教育投入在人力资本投资中所占比重最高，其次是卫生保健投入占比，同时发现，全国及东、中、西部三大地区的个人投资在人力资本投资结构中呈现出先上升后下降的趋势；采用人力资本基尼系数对人力资本分布结构进行分析后发现，东部地区的人力资本分布不均等程度要高于全国，而全国的要高于西部地区，最低的为中部地区，且变化趋势均为先上升后下降。

第三，通过构建人力资本投资效率评价指标体系，运用各种人力资本投资数据，利用超效率 DEA 模型对人力资本投资效率进行评价，结果显示，全国及三大地区的人力资本投资效率均呈现上升趋势，其中，东部地区最高，其次为全国的效率，西部地区的效率要超过中部地区的效率。同时采用 Malmquist 指数对我国人力资本投资的全要素生产率进行测算，结果表明，人力资本投资的全要素生产率出现了上升趋势，通过对全要素生产率进行分解发现，人力资本投资的全要素生产率的上升主要由技术效率的提高造成。

第四，运用各种形式的收入数据，分别从全国、城乡、地区和所有制等角度出发，分析了居民收入的变化情况，结果表明，我国居民收入在考察期内均出现了增加，但增长速度有差异。同时，利用测算收入差距的不同指标对全国、城乡内部和城乡间、行业的收入差距进行测算，发现全国的居民收入差距在考察期内逐渐加大，2007 年达到最大值后开始下降。同时，通过对全国居民收入差距的分解发现，地区间居民收入差距是全国居民收入差距的主要原因。城乡之间和行业之间的收入差距呈现出先扩大后缩小的变化趋势，而城乡内部的收入差距在考察期内呈现出缓慢降低的变化趋势。

第五，运用测算出的居民人均收入、人力资本投资及其效率数据，通过模型分析发现，人力资本投资与居民人均收入间、人力资本投资效率与居民人均收入间均存在长期稳定的关系，结果发现，人力资本投资对居民人均收入的贡献要高于人力资本投资效率对居民人均收入的贡献，居民人均收入对人力资本投资的贡献要高于其对人力资本投资效率的贡献；通过模型分析人力资本分布结构与居民人均收入差距之间的关系发现，当期人力资本分布结构的改善对居民人均收入差距产生显著的缓解作用，其滞后项对当期居民人均收入差距状况产生重要影响，而当期居民人均收入差距的改善有助于缓解人力资本分布不均等，其滞后项对当期人力资本分布结构产生一定影响。与此同时，政府财政对人力资本的投入、市场化程度、人力资本投资效率、劳动者受教育程度、城市化率等因素也会对居民人均收入差距和人力资本分布结构产生重要影响。

7.2 政策建议

针对目前我国人力资本投资的结构和效率中所存在的问题和本书所得出的研究结论，为了有效提高居民收入和缓解收入差距，笔者认为可以从以下一些方面做出调整。

7.2.1 适度提高教育投资力度并合理分配和使用教育资源

由于现代经济的发展离不开人的积极作用，而其中起关键作用的是人力资本。因而，需要政府和个人加大对人力资本投资的力度，并将教育和卫生资源在不同地区间进行合理的分配，从而有效降低居民收入差距。

(1) 适度提高对教育的投资力度。我国目前的主要任务是以经济建设为中心，而要求政府进行大量资金投入的还有基础设施、农业、国防、社会保障、科技活动等众多方面，因而造成我国对教育经费的投入还不足。政府对教育投入占GDP比重在世界范围内的平均水平已经达到4.4%，其中发达国家的比重约为6%，而我国近年来维持在4%左右，由此可见，加大对教育经费的投入依然任重而道远，这需要在以下方面进行努力。

首先，通过对财政支出结构进行适当调整和优化，适度增加对教育投入的比重。依照《教育规划纲要》要求，各级政府需要对其财政支出结构进行优化，统筹各项财政收入，并将教育经费投入放在优先地位并给予保障，同时对年初预算和预算执行中的超收部分的资金分配向教育倾斜，以保证财政性教育经费投入的增长高于财政经常性收入增长。

其次，积极拓宽教育经费的筹集渠道。由于国家对教育经费投入不足，需要从多渠道筹措教育经费。主要从两方面进行筹措：一方面，对来自税收和其他收入的各种教育费附加得到足额征收并进行有效监管，以保证所筹集的资金可以真正投入到教育领域。另一方面，积极拓展教育资金筹措渠道，吸引社会资本对教育的投入。教育的社会投入是政府财政性投入外的重要补充，政府可通过出台各种较为优惠的税收、土地等方面的政策来充分调动各类社会资金办学的主动性和积极性，逐步形成一个以国家投资办学为主体、各类社会资金为补充的多种力量共同办学的教育体制，以弥补财政对教育投入不足的状况。与此同时，由于教育具有一定的公共物品的性质，因而在吸引社会资金进入教育部门时避免将教育完全产业化。此时，政府应加强对教育部门的引导和监管，将社会资金真正引入财政资金投入不足但却急需资金投入的地区和领域，从而使得社会资金真正起到弥补财政资金不足的积极作用。

最后，在对教育提高投资力度的同时，应加大对师资队伍建设的投入。1995年以来，我国对人力资本的投入增长了11.6倍，而同期高等和中等职业学校从业人数仅增加了1倍，造成师生比大幅度降低，进而影响到教学质量，因而需要对师资队伍进行培养，以弥补现有师资的缺口。同时，加强对现有教学人员的在职培训，使其所掌握的知识与技能可以传授给学生。另外可进行师资人员的跨区域流动，由于我国不同地区教育质量存在较大差异，师资人员的流动可以为落后地区带来较为先进的教学理念和方法，从而有效提高其教育质量，并能有效缩小地区间的教育差异。

（2）合理分配和使用教育资源。由于我国对教育的资金投入相对较低，导致教育资源的稀缺，而这种稀缺的资源在不同教育层次之间、不同地区之间、城乡之间还存在着配置不合理，严重影响到教育投入的效率与公平，因而亟须改变这种现状。要对教育资源进行合理配置，可从以下几方面进行：

首先，对有限的教育资源在不同教育层次上进行合理分配。一般而言，教育收益率会随国家经济水平和教育层次的提高而下降，且一国的教育资源分配结构应适应于本国的经济发展水平。就国际惯例而言，教育投入的分布结构呈金字塔形，即各级教育经费应随着层次的提高而递减，并保证初等和中等教育的投入。

从我国对各级教育经费总投入看，呈现出高等教育投入经费的逐年上升，且高于初等和中等教育的投入，而从生均经费看，高等教育远高于初等和中等教育的人均经费水平。因而，需要调整教育经费在不同教育层次中的比例，对初等和中等教育投入更多的经费，加强其师资力量建设，完善中、小学的各种基础教学设施，提高其教学质量，从而全面提升全体居民的受教育程度。

其次，加大对农村教育的投入。虽然近年来我国城市化率取得了显著提升，但仍然有相当数量的人口居住在农村地区，而受我国长期以来的城乡经济二元结构的影响，城乡在师资力量、教学设备、教育投入等方面存在较大差异，而各类高校中农村生源学生的比例也呈现出逐年下降趋势。因此，要加强对农村教育的投入。第一，在资金方面加大投入，努力实现农村九年制义务教育覆盖率，对农村低收入群体的子女教育进行救助；第二，加强农村各级各类学校的基础设施建设；第三，加强农村各类学校的师资队伍建设；第四，在农村地区推广职业教育和技能培训，提高农民的就业能力。

最后，平衡城乡及东、中、西部地区的教育投入。目前，我国教育经费投入在城乡和地区之间存在较大差异。为实现我国教育的地区均衡发展，第一，在教育经费投入方面，政府在投入教育经费时注意向中西部地区倾斜；第二，在中西部地区强制推行九年制义务教育，努力扩大高中教育入学率，提高高等学校的中西部地区生源比例；第三，设立欠发达地区的专项基金，用于支付欠发达地区义务制教育阶段的费用；第四，在财政对教育投资的同时，关注欠发达地区的教育问题，避免出现辍学现象。

7.2.2 增强对卫生保健的投入力度并建立健全社会保障机制

虽然我国卫生保健的投入随着经济发展和居民收入的提高逐年增加，但与发达国家相比，还有相当大的差距，我国卫生保健支出占国内生产总值比重在2021年仅为6.5%，而全球范围内的卫生费用占 GDP 的比重为9.7%。从人均卫生投入看，我国2021年的人均卫生费用支出为5348元，仅为美国的1/10，两者具有显著差异。在我国卫生保健投资总量不足的情况下，还存在投入的城乡差异和地区差异等不均衡现象。因而，为了给城乡和不同地区居民提供更好的卫生服务，需要做到以下两方面：

一方面，提高对卫生保健经费的支出。虽然从总量上看，我国的卫生保健经费支出呈现出逐年上升趋势，但其中大部分支出由居民个人支付，而卫生保健服务是一种准公共物品，因而需要建立一套以政府对卫生保健的投入为主、居民投入为辅的惠及全体居民的公共卫生服务体系。从卫生投入的城乡分布和地区分布看，我国的卫生投入存在地区和城乡的不均，这需要在对卫生进行投入时，对卫生水平较低的中西部地区和农村地区进行适当倾斜，保证中西部和农村地区居民可以获得较好的卫生医疗服务，使不同地区和城乡居民共享经济繁荣所带来的良好的卫生服务。与此同时，由于政府对各种医疗机构投入不足，造成了以药养医、乱收费等不正常现象的出现，使医疗机构偏离了其作为非营利机构的宗旨，造成患者的经济负担加重，甚至出现因病返贫等现象，这需要对我国的卫生事业进行改革，改变当前医疗卫生体系中存在的弊端，减轻居民的医疗负担。此外，应加大卫生机构的人员投入，1995~2021 年，医疗人员数仅增加了 135%，这加剧了现有的就医难现象。因而应加大对医疗人员的培养力度，以缓解医疗人员的短缺，同时加强医疗人员在地区间的交流与合作，以促进落后地区的医疗水平，并给基层医疗人员提供良好的待遇和成长机会，以缓解医疗人员流出现象。

另一方面，需要建立和调整居民的卫生保健服务体系。在我国现有经济条件和人口数量下，卫生保健服务作为准公共物品，完全由政府进行投入是不现实的，这需要发挥全社会的力量去建立一种可以覆盖全民和保障最基本医疗服务的制度。首先，需要尽快完善城镇居民基本医疗保险，努力扩大其覆盖面，同时加强医疗经费的管理，确保其得到合理的使用；其次，需要完善新型农村合作医疗制度，通过加大对合作医疗制度的宣传力度，使更多的农村居民参与进来，同时适当扩大新农合的保障范围，并按照农村居民家庭的实际情况对医疗费用进行适当减免，避免出现医疗费用超出家庭负担；最后，可以对已有的卫生资源在地区之间进行再调配，通过这种再调配带动中西部医疗水平的提高，以促进医疗资源在全国范围内进行合理配置。

7.2.3 稳步推进收入分配制度改革

不同行业、地区和所有制间的收入差距逐渐扩大，同时在初次分配领域中劳动收入份额下降，这些已经成为收入分配中需要重点关注的问题。要改变这些不合理的现象，可以对我国的收入分配制度进行改革，努力实现收入分配中的效率和公平的统一。

首先，可对现行的工资制度进行改革，以缓解收入差距。在我国现行的工资制度中，劳动者的工资及其他待遇主要依靠劳动者的资历、级别等，而不是依靠其人力资本水平，造成了劳动者过多关注其级别等方面，而不是提升其人力资本水平，一定程度上损害了劳动者的积极性。因而，工资制度的改革应使劳动者的工资待遇与其人力资本水平相挂钩，其收入水平应能充分显示其人力资本水平。同时，针对非垄断部门的收入偏低的现状，可建立与经济发展相协调的工资增长机制；而垄断部门的收入可以充分考虑到其劳动效率，在制定工资时应剔除垄断性和政策性所带来的收入，依照其生产的产品和提供的服务制定评判标准，做到奖罚分明，从而达到按照其贡献大小获得收入的目的。

其次，采取不同方式对收入进行调节。由于在收入的初次分配领域中充分体现了效率因素，会带来不同行业、所有制和地区之间收入差距，而在收入再分配领域中要充分体现公平因素，需要对初次分配造成的收入差距进行调节。同时，需要对各个行业和地区的职工收入与工作状况进行监控，对高垄断行业等高收入行业，严格执行收入调节税等税收政策，及时调整起征点，并对税收制度的执行情况进行监控以打击逃税漏税现象；而对高度竞争行业等收入较低行业，由于其收入水平较低且各种劳动保障措施难以保证，因而国家应对其加强劳动保障政策，并给予一定的制度优惠。再分配领域中的各种调节政策，充分体现了公平原则，并使社会成员分享到经济发展的成果。

7.2.4 促进人力资本流动

在人力资本形成后，要充分发挥人力资本的作用，就需要对人力资本在不同地区间进行合理配置，这主要依靠人力资本的合理流动实现，通过有序流动可以达到提高人力资本的收益率和人力资本的投资效率的目的。而要实现这种有序流动就需要各种制度保障，并消除合理流动的各种障碍，需要做到以下几方面：

首先，构建全国范围内的统一的劳动力市场，实现各种就业信息共享。由于现阶段仍然存在限制劳动力流动的地区和城乡壁垒，劳动力在城乡和地区间流动时难以获得真正的就业机会，且要承担更高的失业风险，这需要通过废除限制劳

动力正常流动的各种制度障碍，构建全国统一的劳动力市场，鼓励劳动力在城乡、地区和产业间的合理流动，并引导劳动力从低生产率的经济部门向高生产率的经济部门转移。构建全国统一的劳动力市场，有助于提高人们对人力资本进行投资的积极性，可以提高人力资本在地区、行业之间的有效配置，提升劳动生产率，并增加居民收入，缓解城乡、地区之间所存在的较大的收入差距。同时，由于劳动力流动时无法全面获知各种相关就业信息，造成劳动力的盲目流动，因而在构建全国性的劳动力市场时，需要加强劳动力市场信息系统的建设。该信息系统通过提供全面、及时、准确的市场供求信息，可以避免由劳动力盲目流动所造成的无谓浪费和人力资本配置的不均衡。此外，需完善保障劳动力市场正常运行的法律法规体系和社会保障体系，通过法律体系的构建可以保证劳动者的合法权益不受侵犯，并依法规范劳动力市场中的雇佣关系；社会保障制度的建立，可以使流动的劳动力与原住民享有相同养老、医疗、失业等保障制度，从而消除劳动力流动存在的风险性，为劳动力的正常流动提供制度保障。

其次，对户籍制度进行改革。由于我国现行的户籍制度已经难以适应社会的快速发展，成为阻碍劳动力在城乡、地区间合理流动的一个重要障碍，因而需要改革现行的城乡有别的户籍制度。第一，要改变户籍管理模式，放宽农村居民户籍迁移的各种制度约束，同时逐步放开城市落户政策和条件，特别是中小城市的政策，以引导城乡居民的合理流动；第二，逐渐消除在教育、就业、社会保障等方面所存在的依照户籍而区别对待的非正常现象，保证不同户籍的居民可以享有同样的待遇。通过户籍制度的改革，可以实现对城乡和地区之间人力资本的全面的规划与管理，从而缩小城乡在教育、就业和社会保障方面的差距，逐步消除依附于户籍的各种差别待遇，从而有利于劳动力的合理流动，实现城乡经济的协调发展。

最后，为人力资本流动创建宽松的环境。通过打破现实中所存在的阻碍人力资本流动的部门界限、身份界限、地区界限等壁垒，充分发挥市场在人力资本配置中的基础性作用，促进人力资本合理与适度的流动。

7.2.5 完善人力资本配置的相关机制

良好的制度可以最大限度地发挥人力资本的作用，而现行的制度存在一定的缺陷，造成人力资本配置的不合理，从而制约其对经济增长的积极作用。要对人力资本投资机制进行完善，可从以下几方面着手：

首先，明确人力资本的产权制度。一般而言，人力资本的产权包含人力资本的积累、使用与收益三方面，通过明确人力资本产权可以激励更多的人力资本投资和对人力资本的良性使用，形成人力资本的积累并适应经济发展对它的不同形式的需要，从而充分发挥人力资本的作用。

其次，完善以市场为基础的人力资本配置机制。市场机制最大的优势在于各种生产要素可以通过自由流动找到最合适的生产平台，从而提高生产水平。在人力资本领域引入市场因素，可以在既有人力资本水平下使其配置得以优化，最大限度地发挥人力资本的作用。

最后，明确政府在人力资本投资中的职能。人力资本的配置应以市场为基础，但市场也有其自身无法克服的缺陷，因而，作为公共管理机构的政府应从宏观入手，通过制定相关政策规范人力资本在不同行业、不同地区、不同所有制之间的配置过程，避免出现配置不合理现象。同时，政府应协调好人力资本配置过程中所涉及的众多主体，成为各主体之间联系的纽带。

7.3 研究展望

本书对人力资本及其对收入分配的影响进行了研究，但由于受数据等方面的制约，本书的研究有待进一步完善，还存在一些问题，需要进一步研究和探讨，主要有以下几个方面：

（1）由于本书数据源自各类统计年鉴，而统计年鉴中缺乏劳动力流动数据和干中学的相关数据，同时劳动者的个人能力难以准确量化，使得本书中的人力资本投资仅限于宏观层面的教育、卫生医疗和培训投入。在进一步的研究中需要通过调查以获得第一手资料，以更准确地测算出人力资本投资水平。

（2）统计年鉴中的收入数据仅为工资收入，缺乏奖金、津贴、投资性收入等收入数据，因而这些数据的缺失会对研究结果产生一定影响。在今后的研究中需要通过调查以获得居民各种形式的收入，从而准确全面地分析居民收入及其收入差距。

（3）各省份教育投入的相关数据是从 1995 年开始统计的，因而本书的数据仅为 1995~2021 年，而在进一步的研究中，需要查找更多年份的数据，以使用更长的时间序列数据进行相应研究。

（4）本书在对人力资本投资及其对居民收入效应的研究中没有从空间角度进行考察。由于人力资本存在流动性，在进一步的研究中可通过建立空间计量模型以更全面地考察人力资本投资与居民收入之间的关系。

参考文献

[1] 白雪梅. 教育与收入不平等：中国的经验研究［J］. 管理世界，2004（6）：53-58.

[2] 白勇，马跃如. 我国人力资本投资效率及其影响因素的实证分析［J］. 统计与决策，2013（14）：92-96.

[3] 庇古. 福利经济学［M］. 金镝译. 北京：华夏出版社，2013.

[4] 蔡昉，杨涛. 城乡收入差距的政治经济学［J］. 中国社会科学，2000（4）：11-56.

[5] 蔡昉. 城乡收入差距与制度变革的临界点［J］. 中国社会科学，2003（5）：16-25.

[6] 蔡昉，都阳. 中国地区经济增长的趋同与差异——对西部开发战略的启示［J］. 经济研究，2000（10）：30-37.

[7] 曹裕，陈晓红，马跃如. 城市化、城乡收入差距与经济增长——基于我国省级面板数据的实证研究［J］. 统计研究，2010，27（3）：29-36.

[8] 陈斌开，张鹏飞，杨汝岱. 政府教育投入、人力资本投资与中国城乡收入差距［J］. 管理世界，2010（1）：36-43.

[9] 陈斌开，林毅夫. 发展战略、城市化与中国城乡收入差距［J］. 中国社会科学，2013（4）：81-102.

[10] 陈钊，陆铭，金煜. 中国人力资本和教育发展的区域差异：对于面板数据的估算［J］. 世界经济，2004（12）：25-31.

[11] 陈昌兵. 各地区居民收入基尼系数计算及其非参数计量模型分析［J］.

数量经济技术经济研究，2007（1）：133-142.

［12］陈娟. 基于收入分布的基尼系数非参数估计［J］. 数理统计与管理，2013（4）：627-633.

［13］陈晓东. 教育对我国收入不平等的影响：测度与分解［J］. 上海财经大学学报，2021，23（6）：97-108.

［14］陈霞，刘斌. 中国高等教育投资效率动态综合评价［J］. 统计与决策，2020，36（20）：62-64.

［15］程开明，李金昌. 城市偏向、城市化与城乡收入的作用机制及动态分析［J］. 数量经济技术经济研究，2007（7）：116-125.

［16］程永宏. 二元经济中城乡混合基尼系数的计算与分解［J］. 经济研究，2006（1）：109-120.

［17］程锐，马莉莉. 人力资本结构优化视角下的城乡收入差距——来自省级层面的经验证据［J］. 北京工商大学学报（社会科学版），2022，37（3）：113-126.

［18］大卫·李嘉图. 经济学及赋税之原理［M］. 郭大力，王亚男，译. 上海：上海三联出版社，2014.

［19］戴平生. 基尼系数的区间估计及其应用［J］. 统计研究，2013，30（1）：83-89.

［20］邓曲恒. 城镇居民与流动人口的收入差异——基于 Oaxaca-Blinder 和 Quantile 方法的分解［J］. 中国人口科学，2007（2）：8-16.

［21］杜雯雯，曹乾. 贫困、收入差距与城镇居民健康［J］. 人口与经济，2009（4）：8-12.

［22］杜鑫，张贵友. 土地流转对农村居民收入分配的影响——基于 2020 年 10 省份农户调查数据的实证分析［J］. 中国农村经济，2022（5）：107-126.

［23］樊士德. 中国劳动力流动与收入差距的库兹涅茨效应研究［J］. 经济评论，2011（4）：44-53.

［24］樊纲. 公有制宏观经济理论大纲［M］. 上海：上海三联书店，1990.

［25］冯振华，李金叶，崔道忠. 基于曲率为结构权重的对基尼系数几何算法的改进［J］. 数量经济技术经济研究，2012（1）：135-144.

［26］冯星光，张晓静. 基于广义熵指数的地区差距测度与分解：1978－2003［J］. 统计与信息论坛，2005，20（4）：24－29.

［27］冯虹，王晶. 人口流动与迁移对城市收入分配的影响［J］. 北京交通大学学报（社会科学版），2005，4（1）：71－75.

［28］范庆泉. 环境规制、收入分配失衡与政府补偿机制［J］. 经济研究，2018，53（5）：14－27.

［29］封进，余央央. 中国农村的收入差距与健康［J］. 经济研究，2007（1）：79－88.

［30］封永刚，邓宗兵. 中国人力资本投资效率的收敛性及影响因素研究［J］. 人口与经济，2015（3）：77－88.

［31］符宁. 人力资本、研发强度与进口贸易技术溢出——基于我国吸收能力的实证研究［J］. 世界经济研究，2007（11）：37－42.

［32］高鸿业. 西方经济学［M］. 北京：中国人民大学出版社，2010.

［33］高素英. 人力资本与经济可持续发展［M］. 北京：中国经济出版社，2010.

［34］高连水. 什么因素在多大程度上影响了居民地区收入差距水平？——基于 1987－2005 年省际面板数据的分析［J］. 数量经济技术经济研究，2011（1）：130－139.

［35］高梦滔，姚洋. 农户收入差距的微观基础：物质资本还是人力资本［J］. 经济研究，2006（12）：71－80.

［36］高远东，张娜. 中国城镇化进程中城乡收入差距缩小的人力资本门限效应分析［J］. 经济问题探索，2018（9）：42－51.

［37］郭庆旺，陈志刚，温新新，吕冰洋. 中国政府转移性支出的收入再分配效应［J］. 世界经济，2016，39（8）：50－68.

［38］郭兴方. 基于多因素的我国城乡收入差距实证分析［J］. 中国人口·资源与环境，2005，15（4）：17－21.

［39］巩崇一. 我国人力资本不平等问题研究［J］. 江西社会科学，2005（11）：52－55.

［40］郭剑雄. 人力资本、生育率与城乡收入差距的收敛［J］. 中国社会科

学，2005（3）：23-37.

［41］郭俞宏，薛海平.我国义务教育生产效率实证分析：基于 DEA 方法［J］.上海教育科研，2011（3）：24-27.

［42］韩海彬，李全生.中国高等教育生产率变动分析——基于 Malmquist 指数［J］.复旦教育论坛，2010，8（4）：58-62.

［43］韩华为，苗艳青.地方政府卫生支出效率核算及影响因素实证研究——以中国 31 个省份面板数据为依据的 DEA-Tobit 分析［J］.财经研究，2010，36（5）：4-15.

［44］韩军，孔令丞.制造业转移、劳动力流动是否抑制看城乡收入差距的扩大［J］.经济学家，2020（11）：58-67.

［45］洪兴建.基于分组数据的样本基尼系数范围估计［J］.统计研究，2010，27（2）：83-86.

［46］洪兴建.基尼系数理论研究［M］.北京：经济科学出版社，2008.

［47］洪银兴，龙翠红.论劳动力流动背景下人力资本对三农的反哺［J］.江海学刊，2009（1）：79-85.

［48］侯风云.中国人力资本投资与城乡就业相关性研究［M］.上海：上海人民出版社，2007.

［49］胡鞍钢.从人口大国到人力资本大国：1980-2000 年［J］.中国人口科学，2002（5）：1-10.

［50］胡志军.基于分组数据的基尼系数估计与社会福利：1985-2009 年［J］.数量经济技术经济研究，2012（9）：111-121.

［51］胡祖光.基尼系数理论最佳值及其简易计算公式研究［J］.经济研究，2004（9）：60-69.

［52］胡琳琳.我国与收入相关的健康不平等实证研究［J］.卫生经济研究，2005（12）：13-16.

［53］胡文骏.财政支出、贸易开放与收入分配［J］.财贸经济，2017，38（12）：35-50.

［54］胡文骏.个人所得税、非货币收入差异与收入分配［J］.统计研究，2017，34（8）：80-91.

［55］霍丽.城乡二元经济差异的人力资本研究［M］.北京：中国经济出版社，2008.

［56］金双华.财政支出水平对地区收入差距作用的统计评价［J］.统计研究，2011（2）：39-44.

［57］金荣学，宋弦.新医改背景下的我国公共医疗卫生支出绩效分析——基于DEA和Malmquist生产指数的实证［J］.财政研究，2012（9）：54-59.

［58］靳卫东.农民的收入差距与人力资本投资研究［J］.南开经济研究，2007（1）：81-92.

［59］焦斌龙.人力资本对居民收入差距影响的存量效应［J］.中国人口科学，2011（5）：16-25.

［60］焦斌龙.人力资本差异与收入分配差距［M］.北京：商务印书馆，2011.

［61］Johnson D. G. 1978年以来，中国的城乡收入差距拉大了吗？［J］.经济学（季刊），2002，1（3）：553-562.

［62］阚大学，罗良文.外商直接投资、人力资本与城乡收入差距——基于省际面板数据的实证研究［J］.财经科学，2013（2）：110-116.

［63］阚大学.中国人力资本投资效率研究［J］.未来与发展，2012（10）：72-78.

［64］匡远凤.选择性转移、人力资本不均等与中国城乡收入差距［J］.农业经济问题，2018（4）：23-35.

［65］赖德胜.地区收入差距扩大的人力资本成因［J］.当代经济研究，1997（4）：21-25.

［66］赖明勇，包群，阳小晓.外商直接投资的吸收能力：理论与中国的实证研究［J］.上海经济研究，2002（6）：9-17.

［67］李玉江.区域人力资本研究［M］.北京：科学出版社，2005.

［68］李实，赵人伟，张平.中国经济改革中的收入分配变动［J］.管理世界，1998（1）：43-56.

［69］李实，赵人伟，张平.中国经济转型与收入分配变动［J］.经济研究，1998（4）：42-51.

［70］李实，朱梦冰，詹鹏. 中国社会保障制度的收入再分配效应［J］. 社会保障评论，2017，1（4）：3-20.

［71］李宾，马九杰. 劳动力流动对城乡收入差距的影响：基于生命周期视角［J］. 中国人口·资源与环境，2013，23（11）：102-107.

［72］李忠民. 人力资本——一个理论框架及其对中国一些问题的解释［M］. 北京：经济科学出版社，1999.

［73］李海峥，梁赟玲，Barbara Fraumeni，刘智强，王小军. 中国人力资本测度与指数构建［J］. 经济研究，2010（8）：42-54.

［74］李平，张庆昌. 国际间技术溢出对我国技术创新的动态效应分析——兼论人力资本的消化吸收［J］. 世界经济研究，2008（4）：56-60.

［75］李玲，陶蕾. 我国义务教育资源配置效率评价及分析［J］. 中国教育学刊，2015（4）：53-58.

［76］李玲，闫德明，黄宸. 我国农村义务教育经费配置效率研究——基于DEA和Malmquist指数的实证分析［J］. 教育与经济，2014（3）：3-7.

［77］李勋来. 人力资本分布与城乡收入差距［M］. 北京：经济科学出版社，2011.

［78］李娜. 数字普惠金融、人力资本与城乡收入差距［J］. 金融与经济，2021（3）：91-96.

［79］李怡，柯杰升. 三级数字鸿沟：农村数字经济的收入增长和收入分配效应［J］. 农业技术经济，2021（8）：119-132.

［80］李学军. 人力资本对居民收入分配的影响［J］. 商业经济研究，2017（17）：183-186.

［81］李越恒，张彦忠. 新型城镇化视角下的农村人力资本投资效率研究［J］. 农业经济，2016（2）：44-48.

［82］廖显浪. 我国农村劳动力流动与城乡收入差距研究［J］. 人口与经济，2012（6）：46-52.

［83］林毅夫，刘培林. 中国的经济发展战略与地区收入差距［J］. 经济研究，2003（3）：19-25.

［84］刘社建，徐艳. 城乡居民收入分配差距形成原因及对策研究［J］. 财经

研究，2004（5）：93-103.

［85］刘敏楼. 教育、人力资本投资与城乡收入差距［J］. 现代管理科学，2008（2）：47-49.

［86］刘渝琳，陈玲. 教育投入与社会保障对城乡收入差距的联合影响［J］. 人口学刊，2012（2）：10-20.

［87］刘宗谦，曹定爱. 收入分配不均等与 Lorenz 曲线“修补”［J］. 数量经济技术经济研究，2004（8）：46-54.

［88］刘小川，汪冲. 个人所得税公平功能的实证分析［J］. 税务研究，2008，272（1）：42-46.

［89］刘自敏，张昕竹. 我国政府卫生投入的动态效率及其收敛性研究——基于修正的 Malmquist 指数法［J］. 软科学，2012，26（12）：50-56.

［90］刘润芳. 我国人力资本与居民收入分配统计研究［M］. 北京：科学出版社，2014.

［91］刘江会，唐东波. 财产性收入差距、市场化程度与经济增长的关系——基于城乡间的比较分析［J］. 数量经济技术经济研究，2010（4）：20-33.

［92］刘军，常远，李军. 区域人力资本投资效率评价［J］. 东岳论丛，2012，33（5）：154-157.

［93］吕连菊，陈国柱. 基于省级面板数据的中国人力资本投资产出效率研究［J］. 华中师范大学学报（自然科学版），2014，48（2）：290-295.

［94］陆根尧. 经济增长中的人力资本效应——对中国高速增长区域的统计分析［J］. 统计研究，2002（10）：13-16.

［95］陆铭，陈钊. 城市化、城市倾向的经济政策与城乡收入差距［J］. 经济研究，2004（6）：50-58.

［96］骆永民. 人力资本投资效率的经济增长效应研究——基于四种面板数据回归模型的实证分析［J］. 当代经济科学，2010，32（6）：15-22.

［97］罗楚亮，汪鲸. 人力资本回报与城乡收入差距变动［J］. 浙江工商大学学报，2021（5）：77-92.

［98］马歇尔. 经济学原理［M］. 朱志泰，译. 北京：商务印书馆，1964.

［99］毛盛勇，喻晓琛. 中国高等教育效率的省际比较［J］. 调研世界，2011

（5）：31-35.

［100］齐良书. 收入分配、医疗资源与人口健康：一个跨国研究［J］. 南方经济，2008（4）：27-40.

［101］邱宜干. 我国东、中、西部地区收入差距的实证分析［J］. 江西财经大学学报，2001（2）：26-30.

［102］钱雪亚. 人力资本水平：方法与实证［M］. 北京：商务印书馆，2011.

［103］乔榛，桂琳. 劳动力流动、人口集聚与区域收入差距［J］. 商业经济，2022（5）：141-152.

［104］秦明，齐晔. 环境规制的收入分配效应研究［J］. 经济与管理研究，2019，40（11）：70-81.

［105］萨缪尔森，诺思豪斯. 经济学［M］. 萧琛，译. 北京：华夏出版社，1999.

［106］沈坤荣，张璟. 中国农村公共支出及其绩效分析——基于农民收入增长和城乡收入差距的经验研究［J］. 管理世界，2007（1）：30-40.

［107］沈利生，朱运法. 人力资本与经济增长分析［M］. 北京：社会科学文献出版社，1999.

［108］舒尔茨. 人力资本投资——教育和研究的作用［M］. 蒋斌，张蘅，译. 北京：商务印书馆，1990.

［109］舒尔茨. 论人力资本投资［M］. 吴珠华，等译. 北京：北京经济学院出版社，1990.

［110］宋光辉. 不同文化程度人口对我国经济增长的贡献——我国经济增长与教育关系的一种实证分析（1981-2000 年）［J］. 财经科学，2001（1）：75-81.

［111］苏雪串. 城市化与城乡收入差距［J］. 中央财经大学学报，2002（3）：42-45.

［112］孙敬水，何东. 我国地区收入差距监测预警研究［J］. 经济问题探索，2010（8）：53-59.

［113］孙景尉. 基于损耗的人力资本估算［J］. 中国人口科学，2005

(2)：61-67.

［114］孙一平，徐英博. 互联网普及对中国居民收入分配的影响研究——基于 CFPS 数据的实证分析［J］. 宏观经济研究，2021（7）：161-175.

［115］谭永生. 人力资本与经济增长［M］. 北京：中国财政经济出版社，2007.

［116］唐莉，姚树洁，王建军. 基尼系数分解分析中国城市居民收入不平等［J］. 数量经济技术经济研究，2006（11）：31-37.

［117］唐聪聪. 不断缩小流动人口收入差距［J］. 宏观经济管理，2022，11（4）：59-65.

［118］田艳芳. 健康的收入分配效应研究［J］. 云南财经大学学报，2013（6）：89-98.

［119］田艳芳. 个人和公共卫生支出对城乡居民收入差距的影响［J］. 卫生经济研究，2014（3）：28-34.

［120］田志伟. 企业所得税税负归宿与收入分配［J］. 财经论丛，2018（7）：27-36.

［121］万海远，李实. 户籍歧视对城乡收入差距的影响［J］. 经济研究，2013（9）：43-55.

［122］万广华. 解释中国农村区域间的收入不平等：一种基于回归方程的分解方法［J］. 经济研究，2004（8）：117-127.

［123］万广华，陈钊，陆铭. 全球化与地区间收入差异：来自中国的证据［J］. 中国社会科学，2005（3）：17-26.

［124］王金营. 人力资本与经济增长——理论与实证［M］. 北京：中国财政经济出版社，2001.

［125］王金营. 中国和印度人力资本投资在经济增长中作用的比较研究［J］. 教育与经济，2001（2）：54-57.

［126］王祖祥. 分组数据条件下基尼系数的有效估算方法［J］. 数量经济技术经济研究，2001（8）：69-72.

［127］王艺明，蔡翔. 财政支出结构与城乡收入差距——基于东、中、西部地区省级面板数据的经验分析［J］. 财经科学，2010（8）：49-57.

［128］王小鲁，樊纲. 中国地区差距的变动趋势和影响因素［J］. 经济研究，2004（1）：33-44.

［129］王秀芝，尹继东. 中国收入差距与劳动力流动关系研究综述［J］. 当代财经，2007（4）：16-21.

［130］王怀明，王翌秋，徐锐钊. 收入与收入差距对农村居民健康的不同影响——基于夏普里值分解［J］. 南京农业大学学报，2014（2）：28-34.

［131］王卫，张宗益，徐开龙. 劳动力迁移对收入分配的影响研究——以重庆市为例［J］. 人口研究，2007，31（6）：55-66.

［132］王俊. 政府卫生支出有效机制的研究——系统模型与经验分析（第一版）［M］. 北京：中国财政经济出版社，2007.

［133］汪洪溟，李宏. 改革开放以来社会保障收入分配调节效应实证分析［J］. 中国软科学，2019（12）：178-186.

［134］徐健，汪旭晖. 我国区域高等教育的效率评价［J］. 高等工程教育研究，2009（4）：81-85.

［135］魏权龄. 数据包络分析［M］. 北京：科学出版社，2004.

［136］魏下海，李树培. 人力资本结构与经济增长——基于分位数回归方法的经验研究［J］. 财贸研究，2009（5）：15-24.

［137］温娇秀. 我国城乡教育不平等与收入差距扩大的动态分析［J］. 当代经济科学，2007，29（5）：40-45.

［138］吴建新. 技术、效率、资本积累与中国地区发展差异［J］. 数量经济技术经济研究，2009（11）：28-38.

［139］夏征农，陈至立. 辞海（第六版）［M］. 上海：上海辞书出版社，2009.

［140］许冰. 一种可选择的新方法：加权人均 GDP［J］. 数量经济技术经济研究，2006（7）：14-23.

［141］许永洪，萧珍丽，朱建平. 教育缓解了收入分配不平衡吗［J］. 数理统计与管理，2019，38（4）：704-718.

［142］熊广勤，张卫东. 教育与收入分配差距：中国农村的经验研究［J］. 统计研究，2010（11）：40-46.

［143］薛进军，高晓淳.再论教育对收入增长与分配的影响［J］.中国人口科学，2011（2）：2-13.

［144］刑春冰.迁移、自选择与收入分配——来自中国城乡的证据［J］.经济学（季刊），2010，9（2）：633-660.

［145］肖士盛，孙瑞琦，袁淳，孙健.企业数字化转型、人力资本结构调整与劳动收入份额［J］.管理世界，2022（12）：220-235.

［146］徐伟祁，李大胜，闫玉科.数字经济发展、人力资本水平与城乡收入差距［J］.技术经济与管理研究，2023（8）：33-38.

［147］亚当·斯密.国民财富的性质和原因研究［M］.王大力译.上海：商务印书馆，1974.

［148］杨俊，黄潇，李晓羽.教育不平等与收入分配差距［J］.管理世界，2008（1）：38-47.

［149］杨默.中国农村收入、收入差距和健康［J］.人口与经济，2011（1）：76-81.

［150］杨斌，温涛.中国各地区农村义务教育资源配置效率评价［J］.农业经济问题，2009（1）：29-37.

［151］杨晶，邓大松，申云.人力资本、社会保障与中国居民收入不平等——基于个体相对剥夺视角［J］.保险研究，2019（6）：111-124.

［152］杨晶，丁士军，邓大松.人力资本、社会资本对失地农民个体收入不平等的影响研究［J］.中国人口·资源与环境，2019，29（3）：148-158.

［153］杨建军，李勇辉.劳动力流动、流动方向和城乡收入差距［J］.湘潭大学学报（哲学社会科学版），2016，40（6）：67-71.

［154］姚枝仲，周素芳.劳动力流动与地区差距［J］.世界经济，2003（4）：35-44.

［155］姚耀军.金融发展与城乡收入差距关系的经验分析［J］.财经研究，2005，31（2）：49-59.

［156］严善平.市场经济体制下农户的收入决定与就业选择——对6省7县634户微观数据的计量分析［J］.管理世界，2005（1）：59-69.

［157］余文华.人力资本投资研究［M］.成都：四川大学出版社，2002.

［158］岳书敬，刘朝明. 人力资本与区域全要素生产率分析［J］. 经济研究，2006（4）：90-96.

［159］张曙霄，王馨，蒋庚华. 中国外贸内部区域结构失衡与地区收入差距扩大的关系［J］. 财贸经济，2009（5）：85-90.

［160］张文武，梁琦. 劳动地理集中、产业空间与地区收入差距［J］. 经济学（季刊），2011（2）：691-708.

［161］张车伟. 人力资本回报率变化与收入差距："马太效应"及其政策含义［J］. 经济研究，2006（12）：59-70.

［162］张凤林. 人力资本理论及其应用研究［M］. 北京：商务印书馆，2006.

［163］张文贤. 人力资本［M］. 成都：四川人民出版社，2008.

［164］张藕香. 人力资本不均等与我国地区收入差距［M］. 北京：经济科学出版社，2009.

［165］张帆. 中国的物质资本和人力资本估算［J］. 经济研究，2000（8）：65-71.

［166］张军，章元. 对中国资本存量 K 的再估计［J］. 经济研究，2003（7）：35-43.

［167］张宁，胡鞍钢，郑京海. 应用 DEA 方法评测中国各地区健康生产效率［J］. 经济研究，2006，41（7）：92-105.

［168］张晖，许琳. 我国各地医疗卫生投入效果分析［J］. 卫生经济研究，2009（4）：14-15.

［169］张义博，付明卫. 市场化改革对居民收入差距的影响：基于社会阶层视角的分析［J］. 世界经济，2011（3）：127-144.

［170］张吉超. 劳动收入份额对个人收入分配基尼系数的影响分析［J］. 统计与决策，2017（21）：78-82.

［171］张磊，韩蕾，刘长庚. 中国收入不平等可能性边界及不平等提取率：1978-2017 年［J］. 数量经济技术经济研究，2019，36（11）：81-100.

［172］詹鹏，万海远，李实. 住房公积金与居民收入分配［J］. 数量经济技术经济研究，2018，35（9）：22-40.

[173] 赵临，张航，王耀刚. 基于 DEA 和 Malmquist 指数的我国省域卫生资源配置效率评价 [J]. 中国卫生统计，2015，32 (12)：984-987.

[174] 赵强，朱雅玲. 要素视角下的人力资本和城乡收入差距 [J]. 现代经济探讨，2021 (4)：19-32.

[175] 赵天阳，刘慧. 地方国企依赖、劳动力流动与城乡收入差距 [J]. 技术经济与管理研究，2019 (3)：97-101.

[176] 周云波. 城市化、城乡收入差距以及全国居民总体收入差距的变动——收入差距倒 U 形假说的实证检验 [J]. 经济学 (季刊)，2009，8 (4)：1239-1256.

[177] 朱必祥. 人力资本理论与方法 [M]. 北京：中国经济出版社，2005.

[178] 朱平芳，徐大丰. 中国城市人力资本的估算 [J]. 经济研究，2007 (9)：84-95.

[179] 邹薇，张芬. 农村地区收入差异与人力资本积累 [J]. 中国社会科学，2006 (2)：67-79.

[180] Aaberge R. Axiomatic Characterization of the Gini Coefficient and Lorenz Curve Orderings [J]. Journal of Economic Theory，2001，140 (1)：115-132.

[181] Abbott M.，Doucouliagos C. The efficiency of Australian Universities：A Data Envelopment Analysis [J]. Economics of Education Review，2003，22 (1)：89-97.

[182] Adelman I.，Morris C T. Economic Growth and Social Equity in Developing Countries [M]. California：Standford University Press，1973.

[183] Afonso A.，Aubyn M. Non-Parametric Approaches to Education and Health Efficiency in OECD Countries [J]. Journal of Applied Economics，2005，8 (2)：227-246.

[184] Afonso A.，Aubyn M. Cross-Country Efficiency of Secondary Education Provision：A Semi-Parametric Analysis with Non-Discretionary Inputs [J]. Economic Modelling，2006，23 (3)：476-491.

[185] Anand S.，Kanbur S M R. The Kuznets Process and the Inequality Development-Relationships [J]. Journal of Development Economics，1993，40 (1)：

25-52.

[186] Andersen P., Pertersen N C A Procedure for Ranking Efficienct Unit in Data Envelopment Analysis [J]. Management Science, 1993, 39 (10): 1261-1264.

[187] Anil D. Education and Income Inequality in Turkey: Does Schooling Matter? [J]. Financial and Theory and Practise, 2008, 32 (3): 369-385.

[188] Ahluwalia M S. Income Distribution and Development: Some Stylized Facts [J]. American Economic Review, 1976, 66 (2): 128-135.

[189] Ahluwalia M S. Inequality, Poverty and Development [J]. Journal of Development Economics, 1976, 3 (4): 307-342.

[190] Ahn T., Arnold V., Charnes A., Cooper W W. DEA and Ratio Efficiency Analyses for Public in stitutions of Higher Learningin Texas [J]. Research in Governmental and Nonpr of it Accounting, 1989 (5): 165-185.

[191] Asandului L., Roman M., Fatulescu P. The Efficiency of Healthcare Systems in Europe: A Data Envelopment Analysis Approach [J]. Procedia Economics and Finance, 2014 (10): 261-268.

[192] Assaf R., Sadka E. Resisting Migration: Wage Rigidity and Income Distribution [J]. American Economics Review, 1995, 85 (2): 312-316.

[193] Athanassopoulos A D., Shale E. Assessing the Comparative Efficiency of Educational in Stitutions in the UK by Means of Data Envelopment Analysis [J]. Education Economics, 1997, 5 (2): 117-134.

[194] Atkinson A B. On the Measurement of Inequality [J]. Journal of Economic Theory, 1970, 2 (3): 244-263.

[195] Baliamoune-Lutz M., Mcgillivary M. The Impact of GenderInequality in Education on Income in Africa and the Middle East [J]. Economic Modeling, 2015, 47 (5): 1-11.

[196] Banker R D. Gifford J L. Relative Efficiency Analysis [R]. A Working Paper, School of Urban and Public Affairs, Carnegie—Mellon University, 1987.

[197] Banker R D., Charnes A., Cooper W W. Some Models for Estimating

Technical and Scale Inefficiencies in Data Envelopment Analysis [J]. Management Sciece, 1984, 30 (9): 1078-1092.

[198] Barrett C R., Salles M. On a Generalisation of the Gini Coefficient [J]. Mathematical Social Science, 1995, 30 (3): 235-244.

[199] Barro R J. Economic Growth [M]. Cabridge, Massachusetts: MIT Press, 1999.

[200] Barro R J. Determinants of Economic Growth: A Cross-Country Empirical Study [M]. Cambridge, Massachusetts: MIT Press, 1997.

[201] Battiston D., Garica-Domench C., Gasparini L. Could an Increase in Education Rise Income Inequality? Evidence for Latin America [J]. Latin American Journal of Economics, 2014, 51 (3): 1-39.

[202] Bloom D D C., Sevilla J. Health, Human Capital, and Economic Growth [R]. CMH Working Paper, 2001.

[203] Breen R., Andersen S H. Educational Assortative Mating and Income Inequality in Denmark [J]. Demography, 2012, 49 (3): 867-887.

[204] Breu T M., Raab R L. Efficiency and Perceived Quality of the Nations "Top 25". National Universities and National Liberal Arts Colleges: An Application of Data Envelopment Analysis to Higher Education [J]. Socio-Economic Planning Science, 1994 (28): 33-45.

[205] Caves D W., Christensen L R., Diewert W E. The Economic Theory of Index Numbers and the Measurement of Input, Output, and Procuctivity [J]. Econometrica, 1982, 50 (6): 1393-1414.

[206] Chames A., Cooper W W., Rhodes E. Measuring the Efficiency of Decision Making Units [J]. European Journal of Operational Research, 1978, 2 (6): 429-444.

[207] Chung-Hung A. Education Expansion, Education Inequality, and Income Inequality: Evidence from Taiwan, 1976 - 2003 [J]. Social Indicators Research, 2007, 80 (3): 601-615.

[208] Coase R H. The Nature of the Firm [J]. Economica, 1937, 16 (4):

386-405.

[209] Dagum C., Slottje D J. A New Method to Estimate the Level and Distribution of Household Human Capital with Application [J]. Structural Change and Economic Dynamics, 2000, 11 (1): 67-94.

[210] Deaton A. The Analysis of Household Surveys: A Microeconomic Approach to Development Policy [M]. Baltimore and London: John Hopkins University Press, 1997.

[211] Deininger K., Squire L. New Ways of Looking at Old Issues: Inequality and Growth [J]. Journal of Development Economics, 1998, 57 (2): 259-287.

[212] Dublin L., Lotka A I. The Money Value of Man [M]. New York: Springer, 1930.

[213] Dagum C., Slottje D J. A New Method to Estimate the Level and Distribution of Household Human Capital with Application [J]. Structural Change and Economic Dynamics, 2000, 11 (1):67-94.

[214] Fare R., Grosskopf S., Lindgren B., Roos P. Productivity Developments in Swedish Hospitals: A Malmquist Output Index [J]. Data Envelopment Analysis: Theory, Methodology, and Application, 1994 (8): 253-272.

[215] Fare R., Grosskopf S., Norris M., Zhang Z. Productivity Growth, Technical Progress, and Efficiency Change in Industrialized Countries [J]. The American Economic Review, 1994, 84 (1): 66-83.

[216] Fare R., Grossfkopf S., Lindgren B., Poulier J P. Productivity Growth in Health-Care Delivery [J]. Medical Care, 1997, 35 (4): 354-366.

[217] Farrell M J. The Measurement of Productive Efficiency [J]. Journal of Royal Statistical Society, 1957, 120 (3): 253-290.

[218] Fields G S. Employment, Income Distribution and the Dynamics of Income Distribution: A Quantitative Evaluation of Education Finance Reform [R]. Cambridge, MA: National Bureau of Economic Research, NBER Working Paper, 1994: 4833.

[219] Fisher I. The Making of Index Numbers [M]. 3rd Ed. Boston: Houghton Mifflin, 1927.

[220] Gregorio J D., Lee J W. Education and Income Distribution: New Evidence from Cross – country Data [J]. Review of Income and Wealth, 2002, 48 (3):395-416.

[221] Gyimah-Brempong K., Gyapong A O. Characteristics of Education Production Function: An Application of Canonical Regression Analysis [J]. Economics of Education Review, 1991, 10 (1): 7-17.

[222] Gupta S., Verhoeven M. The Efficiency of Government Expenditure Experiences from Africa [J]. Journal of Policy Modeling, 2001 (23): 433-467.

[223] Haddad L J., Bouis H E. The Impact of Nutritional Status on Agricultural Productivity: Wage Evidence from Philippines [J]. Oxford Bulletin of Economic and Statistics, 1991, 53 (1): 45-68.

[224] Hamilton T G., Kawachil I. Changes in Income Inequality and the Health of Iimmigrants [J]. Social Science & Medicine, 2013, 80 (4): 57-66.

[225] Hicks J R. The Foundations of Welfare Economics [J]. The Economic Journal, 1939, 49 (196): 696-712.

[226] Hui W. Measuring the Stock of Human Capidtal for Australia: A Lifetime Labor Income Approach. Presented at the 30th Annual Conference of Economists, Perth, September, 2001.

[227] Jafarov E., Gunnarsson V. Government Spending on Health Care and Education in Croatia: Efficiency and Reform Options [R]. IMF Working Paper, 2008.

[228] Johnes J. Data Envelopent Analysis and Its Application to the Measurement of Efficiency in Higher Education [J]. Economics of Education Review, 2006 (25): 273-288.

[229] Jorgenson D W., Fraumeni B M. The Accumulation of Human and Non-Human Capital, 1948-1984 [M]. Chicago: University of Chicago Press, 1989.

[230] Kakwani N C. Measurement of Tax Progressivity: An International Comparison [J]. Economic Journal, 1977, 87 (3): 71-80.

[231] Kaldor N. Welfare Propositions of Economics and Interpersonal Comparisons of Utility [J]. The Economic Journal, 1939, 49 (195): 549-552.

[232] Kendrick J W. The Formation and Stocks of Total Capital [M]. New York: Columbia University Press, 1976.

[233] John W., Kendrick J W. Total Capital and Economic Growth [J]. Atlantic Economic Journal, 1994, 22 (1): 75-92.

[234] Kondo N., Sembajwe G., Kawachi L. Income Inequality, Mortality, and Self Rated Health: Meta-analysis of Multilevel studies [J]. British Medical Journal, 2009, 339 (11): 1178-1181.

[235] Kong W H., Fu T T. Assessing the Performance of Business Colleges in Taiwan using Data Envelopment Analysis and Student Based Value-added Performance Indicators [J]. Omega, 2012, 40 (5): 541-549.

[236] Kravis I B. International Differences in the Distribution of Income [J]. The Review of Economic and Statistics, 1960, 42 (4): 408-416.

[237] Kuznets S. Economics Growth and Income Ineqality [J]. American Economy Review, 1955, 45 (3): 1-28.

[238] Lavado F F., Cabanda E C. The Efficiency of Health and Education Expenditures in the Philippines [J]. Central European Journal of Operations Research, 2009 (3): 275-291.

[239] Leipziger D M., Lewis M A. Social Indicators, Growth and Distribution [J]. World Development, 1980, 8 (4): 299-302.

[240] Malmquist S. Index Numbers and Indifference Surfaces [J]. Trabajos De Estadistica, 1953 (4): 209-242.

[241] Marin A., Psacharopoulos G. Schooling and Income Distribution [J]. Review of Economics and Statistics, 1976, 58 (3): 332-338.

[242] McMillan M L., Datta D. The Relative Efficiency of Canadian Universities: A DEA Perspective [J]. Canadian Public Policy, 1998, 24 (4): 485-511.

[243] Mincer J. Investment in Human Capital and Personal Income Distribution [J]. Journal of Political Economy, 1958, 66 (4): 281-302.

[244] Mincer J. Schooling, Experience and Earning [M]. New York: Columbia

University Press for the National Bureau of Economic Research, 1974.

[245] Mulligan C B., Martin X S. A Labor Income-based Measure of the Value of Human Capital: An Application to the States of the United States [J]. Janpan and the World Economy, 1997 (9): 159-191.

[246] Johnansen S., Juselius K. Maximum Likelihood Estimation and Inferences on Cointegration-with Applications to the Demand for Money [J]. Oxford Bulletin of Economics and Statistics, 1990 (52): 169-210.

[247] Leibenstein H. Allocation Efficiency vs. "X-Efficiency" [J]. The America Economic Review, 1966, 56 (3): 392-415.

[248] Louat F F., Jamison D T., Lau L J. Education and Productivity in Developing Countries: An Aggregate Production Function Approach [R]. Policy and Research Working Paper, WPS612. World Bank, Washington, D. C. 1991.

[249] Mass J V., Lutsenburg G C. Distribution of Primary School Enrollments in Estern Africa World Bank Staff [R]. Working Papers, No. 511. The World Bank, Washington D. C. 1982.

[250] Norman S F. Is Global Competition Making the Poor Even Poorer? [J]. New England Economic Review, 1994 (6): 3-16.

[251] Nehru V., Swanson E., Dubey A. A New Database on Human Capital Stock in Developing and Industrial Countries: Source, Methodology and Results [J]. Journal of Development Economics, 1995, 46 (2): 379-401.

[252] Papathanasopoulou E., Jackson T. Measuring Fossil Resource Inequality—A Case study for the UK between 1968 and 2000 [J]. Ecological Economics, 2009, 68 (4): 1213-1225.

[253] Popescu C., Asandului L., Fatulescu P. A Data Envelopment Analysis for Evaluating Romania's Health System [J]. Social and Behavioral Science, 2014 (109): 1185-1189.

[254] Qin Y S., Rao J N K., Wu C B. Empirical Likelihood Confidence Intervals for the Gini Measure of Income Inequality [J]. Economic Modelling, 2010, 27 (6): 1429-1435.

[255] Ram R. Population Increase, Economic Growth Education Inequality, and Income Distribution: Some Recent Evidence [J]. Journal of Development Economics, 1984, 14 (3): 419-428.

[256] Ram R. Education Expansion and Schooling Inequality: International Evidence and Some Implications [J]. The Review of Economics and Statistics, 1990, 72 (2): 266-274.

[257] Retzlaff-Roberts D., Cyril F., Rose M. Technical Efficiency in the Use of Health Care Resources: A Comparison of OECD Countries [J]. Health Policy, 2004 (1): 55-72.

[258] Richard G. H. Globalization, Trade and Income [J]. Canadian Journal of Economics, 1993, 26 (4): 755-776.

[259] Ruggiero J. Efficiency of Educational Production: An Analysis of New York School Districts [J]. The Review of Economics and Stistics, 1996, 24 (3): 499-509.

[260] Ruggiero J. A New Approach for Technical Efficiency Estimation in Multiple Output Production [J]. European Journal of Operational Research, 1998, 111 (3): 369-380.

[261] Schultz T W. Capital Formation by Education [J]. Journal of Political Economy, 1960, 68 (6): 571-583.

[262] Schultz T W. Investment in Human Capital [J]. American Economic Review, 1961, 51 (1): 1-17.

[263] Schwellnus C. Achieving Higher Performance: Enhancing Spending Efficiency in Health and Education in Mexico [R]. OECD Economics Department Working Paper, 2009: 732.

[264] Selim S., Bursalioglu S A. Efficiency of Higher Education in Turkey: A Bootstrapped Two-Stage DEA Approach [J]. International Journal of Statistics and Applications, 2015, 5 (2): 56-67.

[265] Shi X H., Liu X Y., Alexander N., Xin X. Determinants of Household Income Mobility in Rural China [J]. China & World Economy, 2010, 18 (2):

41-59.

[266] Siddiqi A., Jones M K. Does Higher Income Inequality Adversely Influence Infant Mortality Rates? Reconciling Descriptive Patterns and Recent Research Findings [J]. Social Science & Medicine, 2015, 131 (4): 82-88.

[267] Soukiazis E., Antunes M. Foreign Trade, Human Capital and Economic Growth: An Empirical Approach for the European Union Countries [J]. The Journal of International Trade and Economic Development, 2012, 21 (1): 3-24.

[268] Soltow L. Long-Run Changes in British Income Inequality [J]. The Economic History Review, 1968, 21 (1): 17-29.

[269] Stigler G J. The Theory of Price [M]. Boston: MIT Press, 1946.

[270] Strauss J., Thomas D. Health, Nutrition and Economic Development [J]. Journal of Economic Literature, 1998, 36 (6): 766-817.

[271] Sylwester K. Can Education Expenditures Reduce Income Inequality? [J]. Economics of Education Review, 2002, 21 (1): 45-52.

[272] Theil H. Economics and Information Theory [M]. North Holland Publishing Company Amsterdam, 1967.

[273] Thomas V., Yan W., Xibo F. Measuring Education Inequality: Gini Coefficients of Education for 140 Countries, 1960-2000 [J]. Journal of Education Planniing and Administration, 2003, 17 (1): 5-33.

[274] Tinbergen J. The Impact of Education on Income Distribution [J]. Review of Income and Wealth, 1972, 18 (3): 255-265.

[275] Van T., Le T., Gibson J., Oxley L. Measuring the Stock of Human Capital in New Zealand [J]. Mathematics and Computers in Simulation, 2005, 68 (5): 484-497.

[276] Vinod H D. Canonical Ridge and Econometrics of Joint Production [J]. Journal of Econometrics, 1976, 4 (2): 147-166.

[277] Wassily L. The Long-Term Effects of Technological [J]. Challengel, 1995, 38 (4): 57-59.

[278] Winegarden C R. Schooling and Income Distribution: Evidence From In-

ternational Data [J]. Economica, 1979, 46 (181): 83-87.

[279] Wolszczak-Derlacz J., Parteka A. Efficiency of European Public Higher Education Institutions: A Two - stage Multicountry Approach [J]. Scientomerrics, 2011 (89): 887-917.

[280] Wu S. The Effects of Health Events on the Economic Status of Married Couples [J]. The Journal of Human Resources, 2003, 38 (1): 219-230.

[281] Xu K T. State-level Variations in Income-Related Inequality in Health and Health Achievement in the US [J]. Social Science & Medicine, 2006, 63 (2): 457-464.

[282] Yao S J., Liu J R. Decomposition of Gini Coefficient by Class: A New Approach [J]. Applied Economics Letters, 1996, 3 (2): 115-119.

附　录

附表 1　1995~2021 年全国各省份人力资本投资及增速

单位：亿元、%

年份	1995	1996	1997	1998	1999	2000	2001	2002	2003	2004	2005	2006	2007	2008	2009	2010	2011	2012	2013	2014	2015	2016	2017	2018	2019	2020	2021	增速
北京	134	151	180	211	260	325	386	453	517	589	659	768	859	976	1090	1255	1477	1638	1706	1954	2138	2179	2301	2441	2564	2502	2524	11. 95
天津	60	68	80	87	101	130	143	177	195	218	260	285	323	362	416	479	626	706	801	763	840	826	822	916	978	778	865	10. 81
河北	193	229	252	270	310	363	377	426	461	492	651	736	818	918	1077	1224	1478	1502	1648	1670	1848	2034	2210	2419	2585	2662	2813	10. 85
山西	99	126	125	123	144	173	195	234	249	277	353	398	449	507	579	652	816	839	928	1037	1100	1209	1237	1294	1355	1269	1382	10. 67
内蒙古	80	88	100	109	125	145	161	183	203	223	256	292	361	419	526	615	755	782	819	912	976	1044	1103	1087	1097	1042	1150	10. 80
辽宁	189	202	222	238	269	337	351	409	457	506	658	700	810	877	1044	1105	1326	1375	1477	1474	1453	1595	1648	1705	1739	1543	1765	8. 97
吉林	108	119	130	141	165	204	219	254	278	290	349	381	454	505	632	651	803	861	955	849	891	974	1009	1058	1084	943	1039	9. 10
黑龙江	150	162	177	192	230	279	320	346	383	418	488	517	599	672	770	796	940	965	1049	1049	1093	1175	1260	1282	1363	1180	1302	8. 67
上海	145	165	204	238	275	352	396	458	505	621	691	733	823	856	949	1034	1236	1283	1439	1543	1691	1848	1995	2134	2295	2098	2330	11. 27
江苏	272	332	383	431	495	601	617	716	834	873	1146	1277	1445	1591	1811	2022	2603	2740	2943	3213	3395	3561	3834	3869	4183	4075	4678	11. 56

续表

年份	1995	1996	1997	1998	1999	2000	2001	2002	2003	2004	2005	2006	2007	2008	2009	2010	2011	2012	2013	2014	2015	2016	2017	2018	2019	2020	2021	增速
浙江	209	234	285	316	373	528	573	660	774	871	1137	1250	1359	1434	1609	1828	2173	2166	2791	2238	2467	2719	2863	3091	3485	3526	4049	12. 07
安徽	143	171	190	215	232	246	268	286	320	363	459	575	675	753	885	983	1442	1465	1493	1556	1671	1821	2001	2128	2342	2300	2606	11. 81
福建	134	144	167	177	189	253	263	303	336	364	445	511	545	619	700	787	988	1028	1179	1244	1354	1465	1535	1673	1829	1757	1974	10. 90
江西	98	106	128	132	153	169	200	234	249	273	337	382	456	492	592	661	931	935	1028	1179	1321	1401	1535	1703	1875	1863	2063	12. 43
山东	289	335	357	384	445	609	592	663	715	781	926	1175	1283	1380	1518	1745	2271	2352	2627	2675	2966	3290	3511	3762	3974	4165	4555	11. 19
河南	213	261	274	294	313	386	405	438	508	536	675	772	932	1062	1259	1364	1832	1875	2093	2306	2546	2682	2868	3180	3475	3447	3779	11. 70
湖北	211	246	261	303	339	385	397	443	462	505	585	636	707	799	931	1008	1305	1321	1452	1643	1815	2031	2204	2328	2450	2512	2782	10. 43
湖南	215	257	263	277	301	364	392	394	430	470	605	653	730	803	924	992	1303	1323	1550	1933	2124	2375	2680	2759	2911	2757	2990	10. 65
广东	433	470	544	571	636	891	865	1047	1178	1262	1661	1795	1929	2041	2334	2624	3303	3402	3832	3759	4100	4730	5209	5670	6354	6412	7337	11. 50
广西	138	160	164	173	190	228	240	263	281	305	398	400	484	540	621	749	1014	1004	1114	1159	1296	1475	1594	1726	1821	1861	2072	10. 98
海南	31	35	35	38	43	51	53	64	71	72	83	97	118	135	170	190	245	258	284	305	317	361	404	448	491	520	568	11. 83
重庆	—	—	95	106	125	197	160	180	194	220	357	384	422	464	573	634	788	853	937	966	1076	1179	1291	1361	1433	1484	1597	12. 48
四川	268	307	236	262	294	364	380	412	454	477	612	663	781	904	1142	1182	1559	1565	1822	2090	2301	2525	2738	2918	3121	3156	3420	10. 29
贵州	57	56	68	77	91	116	131	154	170	184	240	248	300	347	418	487	637	651	778	975	1094	1272	1393	1500	1581	1578	1784	14. 16
云南	112	130	144	151	171	203	222	253	269	294	236	392	432	483	601	682	919	946	1076	1243	1350	1512	1694	1833	1934	1923	2083	11. 90
陕西	102	117	126	148	171	213	251	293	334	342	434	493	545	652	768	837	1126	1149	1252	1337	1410	1489	1560	1651	1747	1735	1906	11. 92
甘肃	56	61	71	78	91	114	131	147	164	168	217	249	279	324	386	417	530	548	603	697	783	886	935	993	1022	1047	1096	12. 12
青海	16	16	18	22	24	27	34	36	38	40	50	59	71	79	96	113	150	171	158	221	259	275	298	311	334	352	365	12. 78
宁夏	16	18	20	22	27	32	38	45	45	52	65	68	93	104	119	138	174	186	198	228	251	276	300	322	326	316	356	12. 67
新疆	80	83	90	101	117	129	163	188	206	220	237	261	313	354	416	482	618	645	705	798	882	978	1049	1122	1192	1275	1342	11. 46

数据来源：《中国统计年鉴》（1996~2021）、《中国农村统计年鉴》（1996~2021）和《中国教育经费统计年鉴》（1996~2021）。

附表 2　1995~2021 年全国各省份人均人力资本投资及增速

单位：元、%

年份	1995	1996	1997	1998	1999	2000	2001	2002	2003	2004	2005	2006	2007	2008	2009	2010	2011	2012	2013	2014	2015	2016	2017	2018	2019	2020	2021	增速
北京	1068	1197	1455	1693	2071	2354	2790	3186	3554	3943	4284	4797	5128	5512	5862	6395	7314	7915	8068	9078	9850	10026	10597	11333	11904	11430	11531	9. 58
天津	640	717	837	909	1055	1297	1428	1760	1932	2126	2488	2654	2898	3078	3386	3686	4619	4993	5439	5026	5433	5289	5277	5871	6264	5612	6300	9. 19
河北	300	353	387	412	469	538	563	632	681	723	950	1067	1179	1314	1531	1702	2041	2061	2248	2261	2489	2723	2940	3202	3405	3566	3777	10. 23
山西	321	406	399	388	450	525	597	711	751	831	1051	1178	1322	1487	1690	1824	2272	2323	2557	2841	3003	3284	3342	3480	3633	3635	3971	10. 16
内蒙古	350	379	429	463	527	611	677	768	851	932	1066	1210	1486	1713	2139	2486	3041	3140	3279	3641	3886	4143	4363	4290	4320	4336	4792	10. 59
辽宁	462	490	536	573	645	794	838	972	1085	1200	1559	1638	1885	2033	2404	2525	3025	3133	3365	3356	3316	3643	3772	3911	3997	3627	4173	8. 83
吉林	417	454	493	534	622	748	812	941	1027	1070	1283	1398	1663	1848	2307	2371	2922	3129	3472	3084	3237	3564	3712	3913	4027	3930	4374	9. 46
黑龙江	406	435	471	508	605	756	840	907	1003	1095	1278	1352	1567	1756	2014	2078	2452	2517	2734	2737	2868	3094	3326	3398	3633	3721	4166	9. 37
上海	1022	1165	1397	1628	1862	2101	2373	2671	2861	3384	3658	3733	3985	3999	4296	4492	5268	5389	5957	6365	7004	7637	8251	8804	9453	8434	9362	8. 89
江苏	385	467	536	600	686	807	839	966	1118	1160	1510	1668	1870	2049	2319	2569	3295	3459	3707	4036	4256	4452	4776	4806	5183	4807	5500	10. 77
浙江	484	538	643	709	833	1128	1211	1382	1593	1768	2279	2465	2636	2752	3050	3356	3977	3955	5076	4063	4454	4864	5060	5388	5958	5452	6191	10. 30
安徽	238	281	309	347	372	411	438	465	520	583	749	941	1104	1228	1443	1650	2416	2447	2476	2559	2720	2939	3198	3365	3678	3767	4262	11. 74
福建	415	443	508	535	571	730	762	872	959	1030	1251	1425	1508	1702	1910	2132	2657	2742	3123	3269	3526	3782	3925	4245	4604	4222	4715	9. 80
江西	240	258	309	316	363	409	478	553	586	638	782	881	1044	1118	1336	1482	2074	2076	2274	2596	2892	3051	3320	3663	4018	4122	4568	12. 00
山东	332	383	406	434	501	671	655	730	783	851	1002	1262	1370	1466	1603	1820	2357	2428	2699	2733	3012	3308	3509	3745	3947	4097	4479	10. 53
河南	234	285	296	316	334	417	424	456	526	551	719	823	996	1126	1327	1450	1951	1994	2224	2444	2686	2814	3000	3311	3605	3468	3824	11. 34
湖北	365	422	445	514	572	639	701	782	812	886	1024	1117	1241	1399	1627	1759	2266	2286	2504	2824	3101	3451	3734	3934	4134	4373	4773	10. 39
湖南	336	400	407	426	460	565	594	594	646	702	956	1030	1148	1259	1443	1510	1976	1993	2317	2869	3131	3481	3907	4000	4208	4149	4516	10. 51
广东	630	675	772	799	875	1031	990	1184	1314	1385	1806	1901	1997	2063	2304	2513	3144	3211	3600	3505	3779	4301	4664	4997	5515	5079	5784	8. 90
广西	304	349	355	370	402	507	502	545	579	623	854	847	1016	1121	1280	1625	2183	2145	2360	2437	2701	3049	3262	3504	3671	3708	4114	10. 54
海南	422	475	474	503	558	644	665	798	875	879	1003	1161	1402	1579	1965	2185	2796	2911	3177	3371	3477	3936	4361	4801	5192	5141	5573	10. 43

续表

年份	1995	1996	1997	1998	1999	2000	2001	2002	2003	2004	2005	2006	2007	2008	2009	2010	2011	2012	2013	2014	2015	2016	2017	2018	2019	2020	2021	增速
重庆	—	—	311	345	407	636	566	640	692	788	1275	1366	1500	1636	2004	2197	2701	2897	3156	3229	3569	3869	4196	4387	4587	4623	4972	12. 24
四川	236	269	280	308	344	438	467	508	555	590	746	812	960	1111	1395	1469	1936	1938	2247	2567	2804	3056	3298	3499	3727	3771	4085	11. 59
贵州	161	157	188	211	244	330	345	402	440	470	642	671	826	964	1182	1399	1836	1870	2221	2778	3098	3577	3892	4167	4364	4091	4630	13. 79
云南	280	322	352	363	409	472	518	585	616	665	531	875	958	1064	1314	1482	1985	2030	2296	2636	2847	3170	3528	3795	3982	4072	4442	11. 22
陕西	291	331	352	413	472	591	687	800	909	930	1176	1333	1469	1755	2061	2240	3008	3062	3327	3542	3718	3906	4068	4272	4508	4388	4820	11. 40
甘肃	232	249	284	311	359	447	518	583	648	663	851	979	1094	1270	1510	1629	2067	2124	2336	2690	3011	3396	3561	3767	3862	4185	4401	11. 98
青海	325	334	356	433	467	530	649	687	718	741	922	1077	1286	1421	1715	2012	2640	2993	2740	3783	4406	4632	4979	5153	5495	5938	6140	11. 97
宁夏	313	342	373	413	491	565	679	783	779	876	1083	1132	1520	1676	1908	2184	2719	2875	3022	3438	3752	4089	4398	4676	4695	4378	4913	11. 17
新疆	480	489	524	578	662	670	867	987	1064	1123	1180	1273	1494	1659	1929	2207	2796	2888	3116	3472	3737	4077	4291	4513	4723	4924	5184	9. 58

数据来源：《中国统计年鉴》（1996~2021）、《中国农村统计年鉴》（1996~2021） 和《中国教育经费统计年鉴》（1996~2021）。

附表 3　1995~2021 年全国各省份人力资本存量及增速

单位：亿元、%

年份	1995	1996	1997	1998	1999	2000	2001	2002	2003	2004	2005	2006	2007	2008	2009	2010	2011	2012	2013	2014	2015	2016	2017	2018	2019	2020	2021	增速
北京	902	999	1119	1262	1446	1684	1968	2302	2680	3107	3578	4129	4739	5428	6190	7070	8118	9265	10627	12286	14205	15423	17987	20952	23379	26342	30924	14. 6
天津	326	374	431	492	564	659	763	894	1035	1190	1378	1580	1807	2060	2351	2687	3151	3665	4226	4913	5313	5942	6722	7478	8539	9237	10111	14. 1
河北	1026	1193	1373	1560	1776	2031	2285	2573	2878	3196	3653	4167	4734	5365	6117	6972	8028	9044	10283	11776	13486	14234	15687	17255	19196	21563	24420	13. 0
山西	614	703	786	862	954	1069	1200	1361	1528	1712	1961	2240	2553	2906	3309	3761	4350	4925	5565	6335	7213	8211	9348	10642	11115	12793	13702	12. 7
内蒙古	456	516	584	657	742	842	953	1078	1216	1365	1539	1738	1994	2292	2679	3131	3696	4254	4850	5574	6305	7161	8059	9122	11172	12839	13755	14. 0
辽宁	1465	1578	1705	1840	1997	2213	2430	2692	2986	3311	3769	4240	4794	5381	6099	6834	7747	8653	9605	10728	11983	12485	13950	14699	15652	17834	19271	10. 4
吉林	611	693	781	874	987	1131	1281	1458	1647	1837	2075	2330	2643	2988	3440	3883	4451	5042	5708	6510	7424	8467	9057	10513	11560	12324	13337	12. 6
黑龙江	800	914	1036	1165	1324	1522	1750	1990	2253	2534	2869	3212	3617	4070	4594	5112	5743	6360	7187	8178	9305	10588	11547	12708	13598	14748	16195	12. 3
上海	879	991	1134	1304	1500	1760	2050	2383	2744	3199	3697	4206	4774	5341	5968	6641	7475	8305	9476	10899	11735	12416	13581	15070	16932	18225	19512	12. 7
江苏	1912	2128	2383	2669	3002	3421	3831	4315	4888	5465	6280	7176	8187	9282	10531	11915	13797	15701	17774	20265	21105	23343	25034	27244	29042	31514	34752	11. 8
浙江	1259	1416	1616	1834	2096	2497	2918	3401	3969	4600	5459	6379	7351	8341	9445	10701	12227	13653	15715	18231	19149	21534	23462	25018	28304	30435	32548	13. 3
安徽	965	1077	1201	1343	1494	1650	1818	1994	2193	2424	2736	3145	3630	4164	4797	5489	6598	7664	8660	9853	11211	12355	13713	15512	17787	19376	22321	12. 8
福建	665	769	889	1012	1140	1325	1507	1719	1951	2196	2508	2867	3238	3662	4140	4677	5382	6084	6930	7954	9130	9748	11029	12808	13549	15192	17881	13. 5
江西	390	472	571	669	782	904	1050	1220	1395	1584	1825	2097	2426	2771	3195	3663	4372	5043	5860	6873	8060	9253	11087	13002	14549	15884	17975	15. 9
山东	1660	1895	2137	2391	2691	3137	3540	3988	4461	4973	5598	6434	7327	8264	9282	10465	12103	13722	15533	17717	19207	22048	24288	26984	29199	33007	37490	12. 7
河南	1096	1291	1486	1690	1902	2172	2446	2736	3078	3428	3895	4432	5096	5849	6754	7708	9074	10400	11877	13664	15720	18086	20407	22938	25540	27684	30452	13. 6
湖北	967	1154	1346	1568	1812	2087	2358	2659	2959	3285	3671	4085	4544	5068	5692	6355	7275	8156	9249	10563	12063	13777	15734	17969	19522	22437	24766	13. 3
湖南	1188	1373	1553	1736	1932	2179	2439	2685	2953	3244	3652	4084	4567	5094	5710	6356	7274	8157	9136	10301	11614	13095	14764	16647	18769	20162	22860	12. 0
广东	2114	2456	2851	3250	3689	4356	4957	5704	6537	7403	8616	9889	11219	12581	14154	15921	18260	20556	23496	27072	31192	35939	39408	43710	46971	51337	55975	13. 4
广西	926	1031	1133	1237	1352	1498	1647	1810	1982	2166	2433	2686	3008	3365	3783	4303	5057	5755	6405	7177	8041	9010	10096	11312	12675	13202	14914	11. 3
海南	472	478	485	493	506	526	547	578	614	649	693	748	821	906	1021	1149	1325	1503	1610	1731	1860	1999	2149	2310	2483	2668	2868	7. 2

续表

年份	1995	1996	1997	1998	1999	2000	2001	2002	2003	2004	2005	2006	2007	2008	2009	2010	2011	2012	2013	2014	2015	2016	2017	2018	2019	2020	2021	增速
重庆	—	—	1697	1699	1722	1814	1864	1932	2009	2107	2336	2578	2845	3137	3520	3941	4491	5072	5457	5931	6447	7007	7616	8278	8998	9780	10630	8.3
四川	1513	1729	1861	2010	2182	2415	2649	2900	3178	3463	3866	4295	4816	5428	6242	7046	8178	9249	10285	11512	12886	14424	16146	18072	20229	22643	25346	11.4
贵州	373	406	449	499	560	642	734	844	963	1088	1262	1433	1647	1894	2197	2551	3033	3501	3995	4593	5280	6071	6980	8024	9225	10606	12194	14.4
云南	525	623	730	836	957	1102	1257	1434	1617	1812	1939	2214	2513	2844	3272	3756	4448	5125	5858	6751	7780	8966	10333	11909	13724	15816	18228	14.6
陕西	634	713	795	896	1012	1164	1345	1556	1795	2029	2340	2692	3073	3540	4093	4682	5525	6339	7258	8377	9669	11160	12880	14866	17159	19804	22858	14.8
甘肃	202	251	307	366	435	524	623	732	852	969	1127	1308	1508	1741	2021	2316	2705	3089	3626	4297	5093	6036	7153	8478	10047	11907	14112	17.7
青海	139	147	156	168	182	198	220	243	267	291	323	363	412	465	533	614	727	854	951	1065	1192	1335	1495	1674	1875	2099	2351	11.5
宁夏	120	130	142	156	173	194	221	252	282	317	362	409	476	551	637	737	866	1000	1133	1293	1476	1684	1922	2193	2502	2856	3259	13.5
新疆	840	872	909	955	1015	1082	1179	1296	1423	1558	1700	1859	2059	2288	2566	2893	3335	3779	4127	4532	4977	5466	6002	6591	7238	7949	8729	9.4

数据来源：《中国统计年鉴》（1996~2021）、《中国农村统计年鉴》（1996~2021）和《中国教育经费统计年鉴》（1996~2021）。

附表 4 1995~2021 年全国各省份人均人力资本存量及增速

单位：元、%

年份	1995	1996	1997	1998	1999	2000	2001	2002	2003	2004	2005	2006	2007	2008	2009	2010	2011	2012	2013	2014	2015	2016	2017	2018	2019	2020	2021	增速
北京	7214	7931	9020	10127	11502	12182	14210	16179	18409	20810	23263	25792	28274	30650	33278	36033	40210	44779	50246	57093	65430	70975	82852	97269	108540	120340	141270	12.1
天津	3462	3949	4528	5145	5879	6588	7599	8878	10240	11624	13210	14695	16208	17515	19144	20688	23252	25941	28708	31071	34342	38040	43174	47938	54666	66596	73642	12.5
河北	1594	1839	2104	2375	2685	3012	3411	3820	4252	4693	5332	6041	6818	7677	8697	9691	11086	12409	14023	15950	18163	19055	20863	22836	25284	28890	32788	12.3
山西	1996	2262	2503	2716	2976	3242	3666	4133	4610	5134	5846	6637	7525	8519	9656	10522	12106	13639	15331	17367	19685	22301	25251	28623	29808	36655	39374	12.2
内蒙古	1995	2235	2512	2804	3142	3545	4001	4522	5096	5705	6404	7196	8208	9376	10898	12667	14892	17086	19414	22250	25111	28417	31868	35997	43985	53429	57311	13.8
辽宁	3581	3835	4119	4425	4788	5221	5795	6405	7092	7851	8929	9928	11153	12470	14049	15621	17674	19714	21879	24433	27340	28517	31930	33721	35966	41913	45568	10.3
吉林	2358	2655	2970	3307	3713	4147	4761	5401	6092	6782	7639	8557	9681	10930	12554	14135	16192	18335	20747	23646	26968	30981	33333	38880	42958	51373	56154	13.0
黑龙江	2163	2452	2761	3087	3491	4127	4593	5220	5905	6640	7511	8402	9459	10640	12007	13337	14979	16589	18740	21335	24410	27870	30484	33682	36251	46509	51822	13.0
上海	6209	6981	7785	8907	10173	10516	12288	13912	15539	17434	19560	21416	23130	24948	27002	28835	31851	34897	39238	44942	48591	51307	56164	62168	69738	73251	78391	10.2
江苏	2706	2994	3333	3717	4162	4600	5207	5827	6554	7264	8276	9374	10600	11958	13484	15142	17467	19825	22388	24202	26460	29182	31180	33839	35988	37176	40861	11.0
浙江	2914	3261	3643	4115	4683	5338	6170	7122	8172	9340	10937	12576	14261	16003	17902	19647	22381	24928	28582	31283	34571	38523	41474	43608	48382	47055	49768	11.5
安徽	1605	1774	1961	2172	2396	2756	2967	3245	3559	3892	4470	5148	5934	6787	7823	9214	11056	12799	14362	16198	18247	19941	21923	24529	27941	31738	36514	12.8
福建	2054	2358	2709	3067	3438	3816	4374	4945	5570	6223	7052	7998	8965	10062	11294	12664	14468	16233	18362	20900	23783	25163	28201	32498	34102	36510	42706	12.4
江西	959	1150	1377	1597	1849	2184	2508	2889	3279	3697	4234	4833	5554	6298	7210	8209	9742	11196	12959	15131	17653	20150	23987	27974	31182	35150	39794	15.4
山东	1907	2168	2432	2705	3030	3456	3915	4391	4889	5417	6053	6911	7823	8776	9801	10915	12559	14168	15959	18099	19506	22166	24274	26858	28996	32471	36864	12.1
河南	1204	1407	1608	1815	2026	2347	2560	2846	3184	3528	4152	4719	5444	6203	7119	8196	9665	11056	12617	14481	16583	18974	21349	23881	26494	27848	30812	13.3
湖北	1675	1981	2291	2654	3052	3463	4167	4687	5206	5765	6429	7175	7974	8874	9951	11095	12635	14113	15949	18162	20614	23410	26659	30369	32937	39055	42481	13.2
湖南	1858	2136	2402	2670	2957	3383	3698	4051	4432	4843	5773	6440	7186	7984	8913	9674	11029	12287	13654	15290	17122	19195	21522	24129	27131	30341	34521	11.9
广东	3078	3528	4044	4549	5074	5041	5676	6452	7293	8126	9371	10474	11614	12717	13972	15249	17382	19404	22074	25244	28751	32675	35283	38524	40770	40666	44131	10.8
广西	2039	2246	2445	2646	2868	3336	3440	3754	4080	4431	5222	5692	6308	6988	7791	9335	10887	12292	13573	15096	16767	18624	20667	22964	25555	26305	29608	10.8
海南	6522	6519	6524	6551	6640	6684	6873	7199	7572	7933	8366	8945	9716	10611	11818	13225	15106	16942	17986	19143	20417	21802	23206	24729	26271	26367	28119	5.8
重庆	—	—	5577	5554	5599	5871	6590	6864	7166	7544	8350	9183	10102	11050	12313	13660	15385	17223	18375	19824	21376	22990	24760	26687	28802	30476	33095	7.1
四川	1336	1513	2207	2366	2553	2899	3253	3576	3888	4281	4708	5258	5925	6670	7626	8758	10159	11452	12686	14143	15707	17459	19448	21667	24154	27050	30274	12.8
贵州	1062	1142	1246	1364	1508	1822	1933	2199	2488	2788	3384	3885	4534	5266	6211	7332	8743	10049	11407	13093	14959	17077	19496	22289	25463	27491	31655	13.9

续表

年份	1995	1996	1997	1998	1999	2000	2001	2002	2003	2004	2005	2006	2007	2008	2009	2010	2011	2012	2013	2014	2015	2016	2017	2018	2019	2020	2021	增速
云南	1316	1542	1782	2018	2283	2569	2932	3310	3695	4105	4358	4939	5566	6260	7159	8163	9605	11000	12498	14321	16407	18794	21528	24656	28251	33495	38865	13.9
陕西	1804	2012	2228	2490	2797	3229	3681	4249	4889	5512	6342	7276	8288	9520	10983	12536	14760	16892	19283	22185	25491	29267	33586	38474	44269	50075	57810	14.3
甘肃	827	1017	1229	1454	1713	2044	2468	2894	3360	3814	4429	5136	5918	6823	7910	9045	10552	11983	14045	16586	19588	23126	27240	32149	37957	47610	56674	17.7
青海	2898	3017	3145	3346	3567	3830	4213	4600	4999	5394	5952	6617	7458	8402	9566	10903	12794	14907	16445	18266	20280	22517	25003	27765	30835	35401	39574	10.6
宁夏	2336	2503	2684	2897	3188	3459	3923	4411	4866	5386	6075	6763	7811	8919	10194	11640	13552	15449	17324	19531	22088	24946	28175	31873	36006	39608	44951	12.0
新疆	5058	5163	5292	5467	5720	5622	6287	6803	7359	7934	8460	9066	9828	10737	11885	13240	15100	16921	18227	19713	21089	22792	24549	26503	28690	30691	33717	7.6

数据来源：《中国统计年鉴》（1996~2021）、《中国农村统计年鉴》（1996~2021）和《中国教育经费统计年鉴》（1996~2021）。